Cómo nutrir
el alma de tu bebé

*Guía espiritual para los
padres que esperan un hijo*

Cómo nutrir el alma de tu bebé

Guía espiritual para los padres que esperan un hijo

ELIZABETH CLARE PROPHET

RECOPILACIÓN Y EDICIÓN DE
Nancy Hearn y Dra. Joye Bennett

SUMMIT UNIVERSITY ☙ PRESS®

Dedicado a todas las almas

que aguardan nacer,

amar y ser amadas,

y realizar su misión

en esta vida.

❦ ❦

Índice

Ilustraciones y Gráficas

Prefacio de las Editoras

¿Alguna vez te has preguntado si hay algo que puedas hacer para aumentar el potencial de tu hijo* antes de que nazca?

¿Es posible conversar con el alma de tu hijo durante el embarazo o incluso antes de la concepción?

¿Tienes alguna influencia sobre cada niño que nace en tu familia?

¿Es posible que te prepares espiritualmente para recibir un alma con dones espirituales, o con capacidades de liderazgo, o con una mente científica, o con genio musical o artístico?

El propósito de este libro es contestar éstas y otras preguntas relacionadas y ayudar a los padres que espe-

---

* A lo largo del libro hemos usado el pronombre *él* en la mayoría de los casos para referirnos al niño en general. Este término se usa con fines de amenidad de estilo y no tiene el propósito de excluir a las mujeres. Usamos el pronombre *ella* para referirnos al alma, porque cada alma, ya sea que habite en el cuerpo de un hombre o de una mujer, es el aspecto femenino del Éspíritu masculino o Ser Superior.

ran un hijo a comprender el significado de la paternidad espiritual antes del nacimiento. Esta recopilación entreteje dos puntos de vista sobre el tema.

El primero es de Elizabeth Clare Prophet, quien durante muchos años ha enseñado sobre temas espirituales relacionados con la concepción, el embarazo y el alumbramiento. El texto de los capítulos está formado a partir de dichas enseñanzas; ellas representan la parte medular de su sabiduría sobre la paternidad antes del nacimiento, extraída de su singular perspectiva como pionera de la espiritualidad práctica y de su experiencia como madre de cinco hijos. Muchas de estas enseñanzas se publicaron anteriormente en bosquejo o estaban disponibles en casetes, y algunas provienen de fuentes aún no publicadas.

De importancia primordial en las enseñanzas de la Sra. Prophet es el regalo de la llama violeta para ayudar al bebé por nacer a realizar su potencial a través de saldar el karma y de desarrollar un cerebro y un cuerpo sanos para manifestar su genio interno. La llama violeta es la parte más importante de la creación y para la creación del bebé en el útero. Es necesaria una intensa acción de la llama violeta para su bebé durante el embarazo, y por lo tanto hemos preparado para uso de usted enseñanzas clave sobre la llama violeta y sobre herramientas espirituales.

El segundo punto de vista proviene de un heterogéneo grupo de padres que estaban familiarizados con las enseñanzas de la señora Prophet sobre el embarazo. Les preguntamos sobre sus experiencias relacionadas con el embarazo y con la comunicación con sus hijos nonatos. También quisimos averiguar cómo aplicaron las ense-

ñanzas de la señora Prophet a su preparación para convertirse en padres y si obtuvieron beneficios de las
prácticas espirituales antes o durante el embarazo.

Muchos de los padres que entrevistamos nos conta-
ron sobre experiencias especiales que habían tenido con
el alma de su hijo nonato; otros más relataron sucesos de
sanación por el uso de las prácticas espirituales recomen-
dadas por la señora Prophet. Con su consentimiento hemos incluido algunas de sus historias en el libro. Tales
historias se reproducen en cursivas. (Algunos nombres y
detalles se han modificado a solicitud de los padres.)

Desde luego, no todos los padres que esperan un
hijo tienen experiencias espirituales tan explícitas. La
profunda conexión espiritual entre los padres y el niño
por nacer es un misterio en muchos sentidos y a menudo es difícil de expresar. Algunos de los padres a los
que entrevistamos, no fueron al principio capaces de
pensar en una experiencia espiritual particular tenida
antes o durante el embarazo. Otros titubearon antes de
compartir sus experiencias debido a que dudaban que
su contribución pudiera ser de utilidad; sin embargo, al
sumirse en sus recuerdos, con frecuencia llegaban a
comprender que una experiencia superficial en apariencia, en realidad representaba una profunda conexión con el alma de su hijo.

Mientras lees estas historias y te preparas espiritualmente para la paternidad, es posible que recuerdes o te
vuelvas más consciente de tus propias experiencias especiales con el alma de tu hijo antes de su nacimiento. Al
final del libro hemos incluido varias páginas en blanco

para que puedas anotar tus reflexiones, pensamientos, sentimientos, sueños, intuiciones y experiencias espirituales.

Aun cuando entrevistamos tanto a las madres como a los padres, la mayoría de las historias incluidas en el libro proviene de las madres. Sencillamente no encontramos tantos padres que tuvieran historias que contar; no obstante, aquellos padres que sí se comunicaron con nosotras, confirmaron que la preparación espiritual del padre para la paternidad y el involucrarse durante el embarazo, son tan importantes como los de la madre. Tanto la madre *como* el padre pueden iniciar el proceso de vinculación con su hijo mucho antes del nacimiento, siempre y cuando comprendan cómo nutrir, enseñar y comunicarse con el alma del niño.

Queremos agradecer a todos los padres que contribuyeron con sus comentarios y experiencias personales, pero lamentamos no haber podido incluir todos los relatos. Desde el más breve y sencillo hasta el más largo y desconsolador, fueron todos preciados recordatorios de las bendiciones de la maternidad y la paternidad. También queremos agradecer a los asistentes de investigación y a los asesores editoriales que contribuyeron a la creación de este libro.

Nancy Hearn

Joye Bennett

Prólogo: el viaje de un alma

Imagina lo siguiente:

En el cielo un alma aguarda para nacer. Ya ha tenido una vista previa de su vida, con sabios y afectuosos guías espirituales. Juntos elaboraron un plan de vida específico para ella basado en sus mayores necesidades.

Tiene sentimientos encontrados sobre el plan. Está emocionada por la misión de amor y sanación para la cual ha estado estudiando y preparándose. Se encuentra ansiosa por aplicar lo que se le ha enseñado desde su vida anterior en la tierra. Sabe que sus padres y maestros la ayudarán a cumplir su misión; y sobre todo ve que los efectos de su misión abarcan a cientos, y luego tal vez a miles de almas alrededor del mundo.

No obstante, el alma tiene cierta aprehensión y preocupación sobre el plan de su vida. Los retos en su vida serán difíciles. Pese a ello, sabe que la mayoría de estos retos son simplemente el regreso de sus propios errores del pasado que vienen a cerrar el círculo. Sus compasivos guías le han dado sabios consejos para ayudarla a superar estos retos.

También sabe que después de su nacimiento, su misión se convertirá en un pálido recuerdo. Está muy consciente de que es posible que se desvíe de su misión, en especial durante la adolescencia. No puede darse el lujo de perder tiempo valioso y se pregunta si será capaz de hacer las elecciones correctas a lo largo del camino. Empero, sabe que sus amigos del cielo no la abandonarán; además, su ángel de la guarda siempre estará junto a ella para guiarla y protegerla.

Mientras observa a su alrededor las maravillas de su hogar celestial, trata de recordar qué se siente estar en un cuerpo físico, en especial como un desvalido bebé. Recuerda con vaguedad lo lento y pesado que se torna el cuerpo terrenal comparado con su ligero cuerpo de luz actual.

Asimismo, piensa en sus padres. Sus guías espirituales le han mostrado experiencias específicas que tuvo con las almas de éstos en vidas pasadas. La experiencia con el alma de su padre ha sido, en su mayor parte, positiva y armoniosa y siente consuelo al saberlo.

Su madre para esta próxima vida, había sido su hija en una vida anterior. Algunas escenas dolorosas de esa vida aún se conservan en su mente. Era dura con su hija y a menudo la menospreciaba. Por ende, su remordimiento es profundo, de modo que ha acordado ser la hija en esta ocasión. Deberá soportar y perdonar con el amor de su corazón cualquier aspereza que se presente entre ellas.

En los últimos años ha observado desde el cielo a esta pareja que serán sus padres. Observó cómo sus caminos se juntaron en esta vida, cómo se hacían la corte y se enamoraron, de qué manera compartieron sus pensamientos, se casaron y fundaron un hogar con la esperanza de tener hijos. Observó cómo se regocijaban al saber del embarazo confirmado de su madre, y luego mientras preparaban una habitación para ella; y cómo se emocionaban por su crecimiento en el vientre de su madre, y cuando compraban las sábanas y cobijas y la diminuta ropa que ahora está doblada en pulcros roperos.

Incluso ahora, mientras los escucha conversando acerca de su nacimiento, siente la alegría y expectación de ellos. Su corazón se llena de ganas de volver a vivir en la tierra. Estar de nuevo con las almas de sus padres, su hermana —que es una amiga que perdió hace mucho tiempo—, y un hermano para así estar todos juntos. Y luego, mucho más adelante, ¡tener su propia familia!

Justo ahora, cualquier cosa es posible. Sabe quién es, dónde ha estado y qué necesita hacer. Conoce sus virtudes y sus defectos y lo que debe superar en esta vida. Sabe que necesita pagar viejas deudas a ciertas personas que conoció antes y a quienes volverá a encontrar.

Reflexiona sobre todo el tiempo que ha estado esperando la oportunidad de volver a nacer. Y agradece a Dios la oportunidad de hacer bien las cosas.

Pronto entrará al canal del nacimiento. Será atemorizante, mas ya lo ha hecho antes: no durará para siempre. Luego inhalará esa primera respiración y su madre la sostendrá junto a su seno.

Se acerca cada vez más a sus padres. Ansía sonreírles y brindarles todo el amor de su corazón. ¡Cuánto los necesita!

Ya casi es tiempo…

CAPÍTULO UNO

Tu hijo tiene una misión

Nuestro nacimiento no es más que sueño y olvido;

El Alma que surge con nosotros, la Estrella de nuestra vida,

Ha tenido en otros lugares su aposento,

Y viene desde muy lejos:

No con un total olvido,

Y no del todo desnudos,

Sino rastreando nubes de gloria

Venimos de Dios, quien es nuestro hogar.

—WILLIAM WORDSWORTH

oda alma entra a la vida como una diminuta criatura en el vientre. Antes de nacer, el alma posee una total conciencia de quién es y de lo que ha logrado en vidas pasadas. Y lo más importante, sabe lo que necesita lograr en su siguiente vida a fin de alcanzar el mayor progreso espiritual posible. Por lo tanto, el sentido de identidad del alma está bien definido y en ocasiones puede ser percibido o experimentado por los padres mucho antes de la concepción.

Antes de concebir a mi primer hijo, mi esposo y yo vivíamos en Italia. Soñé que estaba en un canal de Venecia; pero el agua del canal era hielo sólido y paseábamos en un trineo. De pronto, apareció un niñito sentado junto a nosotros.

Súbitamente desperté y le dije a mi esposo: "¡Vamos a tener un niño!" Me preguntó si estaba embarazada y le contesté: "No, pero vamos a tener un niño". Aproximadamente dieciocho meses después concebí y tuvimos un hermoso bebé varón.

Esta experiencia ocurrió más de un año antes de que concibiera a mi hija. Mi futuro esposo y yo

no estábamos comprometidos en ese entonces y, de hecho, nuestra relación no era formal porque trabajábamos en distintas zonas del país, de modo que el matrimonio no era algo que fuera a suceder pronto en mi vida.

En esa noche en especial estaba sentada en la cama leyendo y no recuerdo en qué estaba pensando. De pronto, escuché la voz más hermosa, suave, angelical y alegre diciendo en un susurro, "¡Sarah!"

Repetí el nombre en voz alta. Luego la voz dijo: "¡Sarah María!". Y yo se lo repetí. Había sólo júbilo en su voz. Parecía presuntuoso que se tratara de un alma anunciándose a mí ya que yo no estaba casada; pero se sentía como si así lo estuviera haciendo. Guardé esto en mi corazón durante muchos meses.

Con el tiempo, mi futuro esposo y yo nos comprometimos. Le conté la historia sobre Sarah y pensó que era algo muy especial. El día de nuestra boda, justo después de que fuimos declarados marido y mujer y nos dimos la vuelta para dar la cara a la audiencia, ¡mi esposo vio a Sarah!

Dijo que vio a tres figuras vestidas en suaves tonos pastel, de la edad de adolescentes jóvenes. Estaban flotando encima de una imagen de la Santísima Virgen en la parte posterior de la iglesia. La niña de en medio era la que se veía con más claridad, pues las otras dos lucían más etéreas. Su atuendo era de color rosa claro y llevaba una diadema dorada que decía: "Sarah".

Nuestra hija nació nueve meses y un día después del día de la boda. Cuando nació, la miré y exclamé "¡Ah, es Sarah María!"

Conforme nuestra hija ha crecido a lo largo de los años, a menudo escucho esa jubilosa voz que me lleva de regreso al momento en que escuché su nombre tiempo atrás. En verdad Sarah es una niña alegre que disfruta y ama la vida.

～

Antes de que Angelina fuera concebida, recuerdo que yo sabía que un alma revoloteaba cerca de mí. El sentimiento era similar a cuando te encuentras en un salón lleno de gente y percibes que alguien acaba de entrar al salón; luego te volteas y ves a esa persona. Sentir un alma cerca de ti es semejante a una presión física de alguien que sabes que forma parte de ti. ¡Sencillamente no te deja en paz!

Yo estaba ansiosa por traer a la vida a esta criatura. Una noche, alrededor de las 11:30 de la noche, estaba despierta en mi cama. De pronto, se escuchó un golpe en la puerta y una vocecita que decía: "¡Mami, mami!"

Confundida, salté de la cama porque no teníamos ningún hijo y no había niños en el edificio. En todo caso, era demasiado tarde para que un niño anduviera fuera. Abrí la puerta del departamento, mas no había nadie ahí.

Sentí que un escalofrío recorría mi espalda. Después, una presencia tranquilizadora se apoderó de mí, *y entonces me di cuenta que el alma que había estado revoloteando cerca, había venido para hacer sentir su presencia. Poco tiempo después nuestra hija fue concebida.*

〜

Antes de la concepción tuve la experiencia interior de ver a mi hija en una encarnación pasada. Ella era un monje tibetano vestido con una túnica naranja y estaba sentado con las piernas cruzadas. (Más tarde me enteré de que en efecto los monjes tibetanos usan túnicas anaranjadas y se sientan con las piernas cruzadas para recitar sus cánticos.) Después de haber visto esto pensé que mi bebé iba a ser niño, ¡pero fue niña!

Actualmente tiene dos años y parece tibetana: cabeza redonda, ojos oscuros y piel morena. También tiene un carácter muy seguro de sí. Cuando tenía cerca de siete meses, la primera vez que oyó cánticos budistas interrumpió lo que estaba haciendo, escuchó y se balanceó de atrás a adelante. Era como si recordara haber hecho esto en su vida tibetana.

〜

Antes de nacer, a cada alma se le muestra su misión para la próxima vida, la cual puede implicar pagar sus deudas a personas que dañó, procurar seguir una profesión en particular o aportar amor y bondad al mundo. La misión es muy específica para cada alma. Y cada alma puede elegir cumplir o no esa misión.

El alma también es sabia. Conoce el pasado y su aplicación al presente y al futuro. De igual manera, conoce lo que necesita para cumplir su misión en la vida. Por ende, a veces el alma transmite de formas específicas sus necesidades a la madre embarazada. A menudo la madre se encontrará impelida intuitivamente hacia cosas en las que, por lo común, no tiene interés.

↬

Durante mi segundo embarazo devoré libros acerca de santos orientales. Nunca antes había estado tan interesada en ellos. Cuando nació mi hija, parecía oriental, pues tenía facciones pequeñas y huesos delgados (similares a los de Gandhi). Desde muy temprana edad ha sido altruista. En una ocasión me dijo que quería casarse con un hombre rico para poder regalarle juguetes a los niños pobres.

↬

En el primer embarazo estuve obsesionada por los crucigramas. Los hacía en mi tiempo libre, ya fuese en el trabajo o justo antes de irme a dormir. Hacía que mi esposo me comprara grandes libros de crucigramas para resolverlos. Ni antes ni ahora he tenido tanto interés por los crucigramas. Ahora mi hija tiene ocho años. Desde pequeña habló y se expresó correctamente; tiene un vocabulario excelente. ¡Tal vez los crucigramas ayudaron!

↬

Durante uno de mis embarazos, literalmente me vi impulsada a aprender a tejer con gancho.

Como no encontré a nadie que me enseñara, tomé un libro y aprendí sola. Encontré consuelo al tejer y rezar al mismo tiempo; además, me metí de lleno a hornear pan para la familia, ya que era un placer usar las manos para amasar la pasta y preparar comidas ingeniosas.

En el momento en que nació el bebé me sorprendí un poco al descubrir que había llevado en mi vientre a un varón; sin embargo, como resultaron las cosas, el niño en particular es muy hábil con las manos. ¡Es capaz de arreglar casi cualquier cosa! Incluso, siempre he tenido la sensación de que el tejido y las oraciones que realicé durante el embarazo ayudaron, de algún modo, a su alma a sanar ciertas condiciones kármicas.

～

El karma y la reencarnación como oportunidad

Junto con recuerdos del pasado, el alma lleva consigo los registros del karma de una vida a otra. *Karma* es una palabra en sánscrito que significa "acción" o "acto". La ley del karma es la ley de causa, efecto y retribución. Como lo explica la epopeya hindú del Mahabharata, "Al igual que el granjero planta cierto tipo de semillas y obtiene una determinada cosecha, así sucede con las acciones buenas y malas".[1] O bien, como dice la Biblia, "Lo que el hombre sembrare, eso también segará".[2]

Todo el "Sermón de la montaña" de Jesús se refiere a las consecuencias de los pensamientos, los sentimientos, las palabras y las acciones. En este sermón, él ofrece un resumen preciso de la ley del karma. "Con el juicio con que juzgáis seréis juzgados y con la medida que medís se os medirá". Prosigue, para dar la regla de oro: "Cuanto quisierais que os hagan a vosotros los hombres, hacedlo vosotros a ellos, porque esto es la ley y los profetas".[3]

Los registros kármicos del alma incluyen no sólo acciones y actos, sino también patrones de pensamiento y sentimiento positivos y negativos. Los patrones kármicos negativos a veces pueden impedir que un alma tome las decisiones correctas, por el simple hecho de tener el hábito de pensar o sentir de determinada manera. En última instancia, estos hábitos pueden impedir que el alma cumpla su misión.

Yo considero el karma y la reencarnación como una oportunidad; la oportunidad de aprender de nuestros errores en la tierra, de saldar nuestras deudas con otras almas (en especial con las almas de nuestra familia) y de procurar la unión con Dios. Y pienso en la Tierra como en un salón de clases. Todos tenemos lecciones que aprender: cómo amar, perdonar y llevarnos bien con los demás. Si en el transcurso de una vida no nos graduamos del salón de clases que es la Tierra, la reencarnación nos brinda la oportunidad de hacer enmiendas.

Con la conciencia del concepto de la reencarnación, nos es más fácil entender que los hijos que tenemos a menudo son almas maduras; en ocasiones incluso más evolucionadas que las nuestras. Además, la comunicación con el alma de nuestros hijos, antes y durante el embarazo, ¡es una de las experiencias más gratificantes que los padres pueden tener!

Guías espirituales ayudan al alma antes del nacimiento

Así como los padres pueden ayudar al alma de sus hijos antes de nacer, el cielo también las ayuda. Mediante la regresión hipnótica, la psicóloga Helen Wambach sondeó el subconsciente de sus pacientes y los ayudó a tener acceso a recuerdos de su vida antes de nacer. Su libro *Life Before Life* (*Vida antes de la vida*) relata muchas historias de personas que recuerdan reuniones prenatales con un grupo de guías espirituales a los que también se refieren como consejeros, asesores o jueces.[4]

La literatura sobre experiencias cercanas a la muerte (ECM) nos cuenta la revisión de la vida que debemos pasar después de la muerte. A veces, las personas que han tenido estas experiencias afirman haber visto guías espirituales en el otro mundo. Bondadosamente, estos guías ayudan al alma después de cada vida a revisar con objetividad sus pensamientos y acciones dentro del contexto más amplio de sus muchas vidas. De este modo, el conocimiento que el alma obtiene de la revisión de su vida anterior le permite prepararse para la siguiente.

Después de cierto tiempo preparándose para la siguiente vida, el alma vuelve a reunirse con guías espirituales. Con estos guías el alma examina su misión, junto con todas las posibilidades que la vida puede ofrecer para esa vida en particular.

Estos seres espirituales sumamente avanzados comprenden las deudas kármicas del alma y su necesidad de lecciones específicas en la vida. En *Life Between Life*, (*Vida entre las vidas*), Joel Whitton y Joe Fisher afirman que cuando escriben el plan de vida para el alma, o "guión kármico", las recomendaciones de estos guías se hacen de acuerdo con lo que el alma necesita, no necesariamente de acuerdo con lo que quiere.[5]

Los guías espirituales también ayudan a determinar cuándo y dónde reencarnarán las almas; asignan almas a comunidades y familias específicas, midiendo el karma que debe equilibrarse entre grupos de personas y reuniendo almas que tienen una misión en común.

↜

Tres meses antes de que concibiera a mi primer hijo, desperté una mañana y súbitamente fui transportada a un plano de conciencia superior. Me encontraba de pie en un círculo con cuatro adultos varones.

Uno de ellos se introdujo dentro del círculo. Parecía haber en torno a él una poderosa presencia de justicia y libertad. Me di cuenta de que era el alma de mi futuro hijo. Me embaracé exactamente tres meses después. A lo largo de todo el embarazo, podía sentir su presencia.

Ahora, seis años después, comprendo que el círculo de cuatro adultos varones que se me mostró, era mi futura familia. En la actualidad, mi esposo y yo tenemos tres varones.

↜

El karma y la misión de los miembros de la familia

Hay varias razones de por qué las almas son asignadas a familias específicas. A veces un niño es destinado a una familia porque uno o ambos padres tienen un buen karma con relación al alma de ese niño. A veces se debe a que algo necesita resolverse entre los padres y el hijo o entre el niño y sus hermanos, en virtud de sus relaciones en vidas pasadas. Y en otras ocasiones es un poco de ambos casos: un poco de buen karma y un poco de asuntos no resueltos.

༄

He tenido hijos a los que en verdad les he dado la bienvenida por su regreso, hijos con los que sabía que había estado en muchas vidas. Pero además he tenido hijos que eran para mí como unos extraños: Definitivamente uno siente la diferencia.

༄

Conocí a una familia de Colorado en la que todos los miembros tenían una misión en común que involucraba a la música. El padre y la madre tocaban instrumentos de cuerda, y en esta familia había siete u ocho hijos. Todos, incluyendo al que tenía un año, tocaban el violín.

La razón por la que todos estos niños podían tocar tan bien el violín a una edad tan temprana, era que sus almas habían desarrollado este talento en vidas anteriores. Las almas se sintieron atraídas hacia este matrimonio y a su familia porque tenían un karma de grupo que era bueno.

A veces las mismas almas de un grupo familiar evolucionan a través de relaciones cambiantes en diferentes vidas. A estas almas se les dan muchas oportunidades de estar juntas, ya sea para enfrentar los retos de lazos kármicos negativos o bien para cumpli un propósito específico.

~

A una edad muy temprana (alrededor de los tres años) mi hija Melissa se sentía fascinada con mi padre, quien había muerto cuando yo era una niña pequeña. Melissa se lamentaba de no haberlo conocido. Hablaba sobre él, me hacía muchas preguntas y quería oír historias de mi padre.

Esto continuó durante varios años. En las noches tenía que sentarme con ella durante media hora para ayudarla a superar esto. A veces se veía triste y me decía: "ya sabes por qué estoy triste."

La noche anterior al nacimiento de mi segundo hijo, Melissa tuvo un sueño. Me dijo que había visto a su abuelito y que habían celebrado una gran fiesta porque el abuelo por fin iba a regresar.

Al día siguiente nació mi hijo. Desde entonces, Melissa ya no ha vuelto a tener la misma tristeza y ya no habla sobre el abuelo como lo hacía antes.

~

No importa quiénes somos o lo avanzados que podamos estar intelectual, espiritual o profesionalmente, o en cualquier otro aspecto, todos tenemos karma. Y mientras más deudas kármicas saldemos, menos probable es que tengamos hijos que lleguen a nuestra familia debido a lazos kármicos negativos.

El azar no interviene en la adopción

¿Y qué sucede con los niños adoptados? ¿Cómo son destinados a su familia? ¿Y cuáles son sus relaciones kármicas con sus padres biológicos y con sus padres adoptivos?

ᔕ

Conocí a una pareja que no podía tener hijos, de modo que decidieron adoptar un niño a través de una agencia. Les informaron que se llevaría de seis meses a un año para entregarles al niño. La política de la agencia era que cuando había un niño disponible, la siguiente pareja en la lista era llamada, y ésta tenía unos cuantos días o incluso menos tiempo para ir a recoger al niño.

Después de ocho meses de espera, una noche el esposo se despertó y le dijo a su esposa: "¡Lo sé! Nuestro bebé acaba de nacer". Era como si le hubiesen mostrado cómo nacía el niño. Se trataba de un hombre que usualmente no tenía este tipo de experiencias; no obstante, estaba tan seguro de que había sucedido como de su propio nombre. Al día siguiente llamaron de la agencia para decirles que su bebé había nacido.

ᔕ

La mayoría de los pacientes de la doctora Wambach que fueron adoptados de niños, dijeron que no habían conocido a su madre o padre biológicos en una vida pasada; sin embargo, sí tenían lazos kármicos con sus padres adoptivos.

La doctora Wambach dice: "Los lazos kármicos con los padres adoptivos eran sumamente interesantes. Antes de nacer, algunos de ellos sabían de la relación que tendrían con sus padres adoptivos, y sentían que no serían capaces de llegar a ellos como su propio hijo genético, de modo que eligieron el método de la adopción como el medio de llegar hasta estos padres". Con base en su investigación, ella concluyó que el azar y el accidente al parecer no intervienen en la adopción.6

De manera que el karma de uno o ambos padres biológicos, posiblemente requiera que den vida a un determinado niño a fin de que éste pueda llegar con sus verdaderos padres, quienes tal vez no hayan podido tener hijos. Si el nacimiento del niño no es una necesidad del karma, es un servicio que los padres biológicos pueden realizar a fin de facilitar que dicha alma cumpla con su misión.

La siguiente historia es sobre cómo aprendió una mujer que existen ángeles que ayudan en el proceso de conectar a los niños con sus padres adoptivos.

∽

Mi esposo y yo tratamos de tener hijos por más de diez años. Nos sometimos a muchas pruebas, procedimientos, fertilización in vitro y varias cirugías. Después de la tensión de todos estos procedimientos, dejamos el asunto por un tiempo y procuramos la sanación interior.

Después de varios meses en este período de sa-
nación, tuve un maravilloso sueño que salió de la
nada. En él vi la imagen de una pareja vinculada a
un bebé a través de un arco de luz. La pareja se
encontraba en la esquina superior derecha de la
imagen y el bebé en el área inferior de la izquierda.
Recuerdo haber sentido como si la pareja pudiese
haber estado en Norteamérica y el bebé en Suda-
mérica.

Esta imagen se desvaneció y de repente apare-
ció la siguiente imagen. Era la mitad superior de un
ángel grande y magnífico. Su rostro reflejaba una
profunda compasión y sonreía con dulzura. Las
alas con vetas rosadas se extendían a todo lo an-
cho. Luego noté que encima del ángel se encontra-
ba un estandarte o pergamino azul claro con listo-
nes en cada extremo. Se extendía a lo largo de toda
la imagen y tenía inscritas las palabras "Ángel de
la adopción".

Desde entonces, hemos iniciado el proceso de
adopción (de niños latinoamericanos, tibetanos o
hindúes) y nos sentimos más seguros de que el ángel
de la adopción nos vinculará con los niños que Dios
quiere que tengamos.

∽

Independientemente de que los padres sean biológicos o adoptivos, lo importante en nuestras familias
es que nuestro karma esté equilibrado y que se limen
las asperezas de nuestras relaciones. Las deudas kármi-

cas del alma de tu hijo, se pueden saldar mediante el amoroso cuidado que le brindes a ese niño, y mediante la oración ferviente. En los capítulos 3 y 6 aprenderás a invocar una singular energía espiritual que puede ayudarte a equilibrar el karma con el alma de tu hijo antes del nacimiento, durante el embarazo y a lo largo de toda su vida.

Puedes pedirle a Dios un alma con talentos y virtudes específicos

Muchos padres devotos (como los padres de Isaac, de Samuel, de María y de Juan el Bautista) se prepararon para tener a sus hijos durante años y años: ayunando y rezando, implorando y amando a Dios y manteniendo armonía en sus relaciones. Si ellos pudieron convertirse en padres de almas altamente evolucionadas, también podemos lograrlo tú y yo.

Una vida devota y consagrada a la preparación espiritual para la paternidad se convierte en un imán en tu corazón. Es este imán de amor y devoción en tu corazón el que puede determinar qué tipo de alma atraerás a tu familia como hijo tuyo.

De modo que, ya sea que estés pensando en tu primer hijo o tengas la esperanza de ampliar tu familia, puedes rezarle a Dios y pedirle que te dé un alma con cualidades espirituales específicas. Tal vez quieras pedir un alma fuerte y honorable que será un gran líder o maestro. Puedes pedir un hijo con talentos especiales para el arte, la ciencia, la música o los deportes. Puedes pedir un hijo con virtudes específicas como bondad, valor, generosidad o sabiduría, o simplemente puedes pedir un hijo feliz y saludable. Pero cualquier cosa que desees, pide para que puedas recibir.

〜

Cuando tenía de cuatro a seis semanas de embarazo de mi primer hijo me enamoré de la pintura de un ángel rubio y de ojos azules. Le dije a Dios: "Esto es lo que quiero, ¡un alma enviada del cielo!" Mi hija nació pareciéndose muchísimo a la pintura de este angelito. Su padre tiene el cabello muy oscuro y ojos cafés, de modo que fue toda una sorpresa.

〜

Un día mi hija Penélope entró a mi recámara y me dijo: "mami, quiero tener una hermanita."

Yo le contesté: "bueno, cariño, primero tienes que pedírselo a Dios."

"Está bien", repuso, "vamos a pedírselo en este momento". "Querido Dios, por favor pon un bebé en la panza de mi mami para que yo pueda tener una hermanita". En el lapso de tres semanas, concebí. Fue una niña.

〜

Si pides un alma con talentos excepcionales, dile a Dios qué compromisos estás dispuesto a hacer por el bien de ese hijo. Por ejemplo, enseñarle a rezar todos los días, buscarle la mejor educación posible, mantener la armonía en el hogar y así sucesivamente. Luego, una vez que haces el compromiso, asegúrate de cumplirlo.

Cuando quieren tener un hijo, muchos padres han encontrado útil escribirle una carta a Dios. En ésta, pueden incluir sus peticiones y compromisos. Después quemen la carta ofreciendo una plegaria pidiendo que los ángeles la entreguen.

⌒

Tuve muchas dificultades con mi primer embarazo debido a presiones emocionales y problemas físicos. Esto hizo que me sintiera insegura. E incluso durante el periodo posterior al nacimiento de mi bebé, las cosas no funcionaban bien.

De manera que cuando pensé tener un segundo hijo, muchas de estas inseguridades me volvieron a abrumar. Me sentía indigna de ser la madre de un niño especial. Sin embargo, se suponía que debía tener más hijos, de modo que decidí escribirle una carta a Dios acerca de mi deseo de ser la madre de un niño especial.

Entonces, un día me encontraba meditando en un lugar tranquilo, y tuve una experiencia valiosa e inesperada.

En mi meditación me hallaba sentada en una iglesia frente a un hermoso altar. Había una puerta a la derecha del altar. La abrí y salió de ahí un ángel llevando en brazos a un bebé.

Con el mayor cuidado, amor y suavidad vertidos en este bebé, el ángel se aproximó y lo puso en mis brazos; el pequeño estaba vestido con un hermoso ropón blanco.

Una semana después descubrí que estaba em-
barazada.

❧

Cuando se lo pides a Dios y te preparas espiritualmente para recibir un alma avanzada, te sorprenderá
comprobar cómo responde Dios. Por ejemplo, tal vez te
veas karmicamente obligada a dar a luz a alguien a
quien lastimaste, descuidaste o incluso mataste en una
vida anterior. Tu dedicación a prácticas espirituales y
tu compromiso con una causa mayor posiblemente te
permitan equilibrar hasta con creces tu karma con esa
alma. En consecuencia, por la gracia de Dios, se te puede eximir de la obligación de dar a luz esa alma y en su
lugar darte una con la que tengas menos karma.

Así es que hay una vasija con oro al final del arco
iris de la dedicación. Siempre hay una recompensa.
Pero lo más importante es que cualquiera que sea el
hijo que Dios te conceda, ámalo y protégelo como si
fuera el más valioso del planeta. Acéptalo como es, sa-
biendo que la gran sabiduría de Dios te ha concedido el
niño adecuado para tu familia. Y alaba y agradece a
Dios por la invaluable oportunidad de ayudar a ese
niño a cumplir su propósito en la vida.

CAPÍTULO DOS

Prepárate para tu hijo mediante la sanación de tu alma

*Tú eres el arco desde el cual tus hijos son
lanzados como flechas vivas.
El arquero ve la señal en el camino del
infinito, y Él te concede con Su poder, que Sus
flechas puedan ir ligeras, lejos.
Permite que la tensión en la mano del arquero
sea jubilosa;
Pues aun cuando Él ama la flecha que vuela,
de igual modo ama el arco que es estable.*

—Jalil Gibrán

Cuando el alma regresa a la tierra en un nuevo cuerpo, lleva en sí el ilimitado potencial para cumplir su misión. Sin embargo, es posible que ese potencial no se desarrolle por completo a menos de que el alma cuente con el ambiente propicio. La vida que llevaron los futuros padres antes de la concepción y a lo largo del embarazo es un factor crucial en la preparación del ambiente para el niño.

Por lo tanto, este capítulo, así como los capítulos 3, 4 y 5 se concentran en la preparación espiritual para la paternidad. En estos capítulos aprenderás ejercicios específicos para prepararte con eficacia para la concepción, el embarazo y el alumbramiento. En los últimos cuatro capítulos, del 6 al 9, descubrirás cómo nutrir directamente y ayudar al alma de tu bebé antes del nacimiento.

La preparación para la paternidad es una época de crecimiento y autorreflexión, además de ser una época de cambio; ya sea adoptar una dieta mejor, desarrollar más compasión por los demás o superar algunos malos hábitos.

Cuando contemplamos la gloriosa misión de ser la madre o el padre de una criatura, nos vemos impulsados por el amor para mejorar la calidad de nuestra vida.

Porque sabemos que la paternidad ejemplifica el más elevado amor: entregar la vida por nuestros hijos. Puedes empezar tu preparación para la paternidad y maternidad dándole el supremo amor a tu propia alma.

¿Qué es el alma?

Hoy en día el alma es un tema popular. La gente habla y escribe acerca de ella. Saben que el alma es importante, pero quizá no saben por qué.

Entonces, ¿qué es el alma?

Y ¿cómo puede uno amarla y nutrirla?

Podemos pensar en el alma como en una esfera resplandeciente y transparente que ha estado evolucionando por mucho tiempo. Es una continuidad de Dios desde el principio. Ha vivido en el pasado infinito y vivirá en el futuro infinito. A pesar de que el alma es mortal, puede volverse inmortal a través de la unión con el Ser Superior. Tu Ser Superior es tu identidad Divina individual y posee todas las cualidades de Dios.[1]

El alma es muy sensible e intuitiva. Al mismo tiempo es inocente, vulnerable e impresionable. A menudo adopta el color de lo que la rodea. Se le lastima a través de las toxinas mentales y emocionales y mediante el abuso físico o verbal.

Nuestras almas necesitan con urgencia nuestro consuelo, nuestras palabras tranquilizadoras. Necesitan saber que las protegeremos de cualquier daño. Podemos cuidar amorosamente de nuestras almas como lo haríamos con nuestros hijos, o podemos descuidarlas y convertirnos en víctimas de nuestro descuido personal.

¿Alguna vez has considerado la posibilidad de que en esta vida o en vidas pasadas hayas desatendido el desarrollo de tu alma, eligiendo en cambio desarrollar el ego? ¿O que no hayas nutrido tu alma, esta "esencia vital" fundamental que refleja tanto tu personalidad como la personalidad de Dios? Lo que hayas extraído de estas dos personalidades, la manera en la que las has integrado e incorporado dentro de tu singular conciencia del alma, eso define la identidad de tu alma.

Nosotros somos los padres y maestros de nuestras almas

El libro de Proverbios dice: "Instruye al niño en su camino, y aun cuando fuere viejo no se apartará de él".2 Estas palabras se refieren a los propios vástagos al igual que al alma de uno. El alma es nuestra hija hasta que llega a edad adulta, de manera que debemos aprender a amarla y protegerla, instruirla y disciplinarla.

El primer paso del entrenamiento para ser madre o padre es atender las necesidades de tu alma con sensibilidad y bondad. Esto se debe a que tu alma representa al niño que vive dentro de ti. Los psicólogos han llamado a este aspecto del alma "el niño interno". Y tú eres el padre y maestro de tu alma a la vez que eres su alumno.

Es tu responsabilidad enseñarle a tu alma lo que es real y de valor imperecedero y, por ende, lo que debe ser conservado; y lo que no es real y es de valor pasajero, por tanto, debe ser puesto a un lado. En consecuencia, puedes aprender a amar a tu alma no sólo como obra de Dios, sino como obra tuya. Si no amas lo que ves en ti mismo o lo que has hecho de ti mismo, debes saber que el amor de Dios es el poder que cambia todo lo que no es parte de tu identidad real.

Te puedes dar cuenta fácilmente cuando la gente está feliz consigo misma. Por lo general son personas alegres y entretenidas que pueden reírse con facilidad de sí mismas y de sus errores. No se toman muy en serio y por lo tanto no se sumergen en una espiral de autocondena cuando cometen un error a lo largo del camino.

Entonces, date cuenta de que cuando te sientes irritable, cuando te sientes agobiado por tus circunstancias, cuando eres desdichado porque estás solo, estos son indicadores de que te falta resolución interior. Todas estas cosas crean la propensión a alejarse de Dios cuando se enfrentan los retos de la vida. Y la paternidad ciertamente proporciona muchos de esos retos.

Los patrones de pensamiento y sentimiento negativos de los padres pueden crear en el niño la casi indeleble impresión de que él o ella es malo o indigno. Esta transferencia a menudo se origina en el hecho de que los padres no se aman a sí mismos en Dios y como Dios.

De manera que es posible que no te gustes a ti mismo debido a tus errores, rudeza, irritabilidad, u otros rasgos negativos, lo cual es comprensible. Sin embargo, no te condenes. Aprende a perdonarte y sigue adelante.

Entiende tu psicología y sana tu alma

Ya sea que estés contemplando tener tu primer hijo o el octavo, es esencial comprender la psicología de tu alma. Las interacciones negativas entre padres e hijos con frecuencia representan áreas de psicología sin resolver. En ocasiones, estas interacciones se basan en experiencias no resueltas o en relaciones kármicas de vidas anteriores.

El alma debe aprender a trabajar con las cargas kármicas sin resolver, las cuales se reflejan en los problemas de su psicología no resuelta. El alma está atenta y se siente aliviada cuando llega hasta el lugar en donde puede entender por qué tiene patrones negativos repetitivos en su vida que parece ser incapaz de corregir. Muchos de nosotros hemos experimentado esto.

Puedes empezar a aprender más sobre tu psicología si identificas tus patrones de pensamiento y sentimiento positivos y negativos; no obstante, los patrones negativos no se alejan simplemente porque los reconoces. Se alejan porque rezas para ello y aprendes tus lecciones, a menudo en la escuela de los golpes duros. Y de pronto, un buen día, dejas de darte de golpes contra la pared, abres los ojos y *ves*, y *sabes*; porque la niebla que nublaba tu vista y conocimiento se ha despejado. Y lo que era un misterio ya no lo es.

A través de estas experiencias de aprendizaje, el alma empieza el proceso de curación y resolución. Y la curación del alma es de máxima importancia. De modo que cada mañana puedes pensar en ti mismo como el buen médico que se apresta a curar tu alma. Si haces todo bien en tu preparación espiritual para la paternidad, pero descuidas la sanación de tu alma, tus hijos a la larga sufrirán las consecuencias.

De acuerdo con tu capacidad para lidiar suave y compasivamente con tu alma, Dios te confiará el cuidado de un valioso hijo. Y por medio de un agudo entendimiento de la psicología de tu propia alma, es posible asegurar para toda la vida un profundo lazo de amor entre tú, tu cónyuge y tus hijos.

Tu psicología puede afectar la relación de tu hijo con Dios

Conforme aprendes más sobre tu psicología y buscas la solución a través del amor y el perdón, descubrirás que creas y reformas tu identidad como padre. Tu identidad como padre empieza al descubrir que eres un representante de Dios ante tu hijo. Y el primer entendimiento del niño de la naturaleza del Dios Padre-Madre, se basa en la relación que tiene con sus padres.

Un padre fuerte y amable le transmite al niño que Dios, como Padre, es fuerte y amable. Un padre exigente y condenador puede infundir en su hijo el temor de que Dios es un tirano. Lo mismo es cierto en la relación del niño con su madre. Si ella es sensible y lo nutre emocionalmente, el niño experimenta a Dios como Madre de la misma forma. Si la madre es impaciente y crítica, el concepto que el niño tiene de Dios puede ser similar y es posible que él tema o tenga resentimiento hacia Dios.

Los recuerdos de la relación con nuestros padres, que residen en el subconsciente o en el inconsciente, forman la base de nuestra relación con Dios. Por lo tanto, la plenitud interior con el Dios Padre-Madre es un camino que debemos emprender resolviendo nuestras relaciones con nuestros propios padres.

Cuando tú eres un ejemplo para tu hijo de esta plenitud, él se siente seguro de que Dios es amoroso y protector. Este sentido de seguridad permite su autoexpresión y autodescubrimiento espontáneo. Y esto crea un sólido cimiento para el desarrollo de su autoestima y de la fortaleza de su carácter.

Si tuviste una relación áspera con uno de tus padres o con ambos, es probable que consciente o inconscientemente le transfieras a tu hijo sentimientos sin resolver, tales como resentimientos, desconfianza, ira u odio. Estos sentimientos reprimidos y patrones de comunicación negativos de la infancia, se las averiguan para salir a flote cuando te enfrentas a los retos de la paternidad. Y lo más probable es que los transmitas a tus hijos a menos que tomes la decisión consciente de desarraigarlos.

⤫

Recuerdo un día cuando dos de mis hijos varones, de cinco y siete años, estaban jugando juntos. Yo me encontraba en otra habitación doblando la ropa cuando oí al más pequeño que me llamaba a

gritos. Estaba acostumbrada a sus forcejeos de jue-
go, de modo que no le respondí con rapidez; pero
después de un rato decidí ir a ver qué pasaba.

Cuando entré en la habitación, vi a mi hijo mayor sentado encima de su hermano menor. Tenía
inmovilizado a su hermanito y no lo dejaba levan-
tarse. El pequeño estaba afligido, pero no estaba
lastimado.

Cuando vi esta escena sentí una oleada de intensa energía emocional. Antes de que tuviera siquiera tiempo de pensar, rápidamente quité a mi
hijo mayor de encima. Ambos se sorprendieron
tanto como yo de mi reacción exagerada.

No fue sino varios meses después cuando estaba haciendo cierto trabajo sobre mi psicología, que
me di cuenta de dónde provenía esta reacción. Recuerdo haber visto a mi padre de rodillas encima de
mi madre, en la misma posición que mi hijo estaba
sobre su hermano. Mi padre abusaba físicamente
de mi madre, solía inmovilizarla de este modo y gri-
tarle o pegarle. Recuerdo lo enojada que estaba con
mi padre por abusar de ella de esta forma.

Naturalmente lloré cuando reviví este recuerdo. No había pensado en eso durante años. Pero
fue de gran ayuda el estar consciente de este recuerdo, porque entonces fui capaz de sentir compasión
de mi propia alma por haber experimentado esta
situación de abuso muchas veces siendo niña. Además, pude perdonarme a mí misma por haber sentido ira, ya que pude entender que la causa era

ajena a mi. Esto me ayudó a comprender que nunca me liberaría por completo de estos sentimientos hasta que no perdonara a mis padres por su abuso mutuo.

En consecuencia, cuando en varias ocasiones me encontraba observando este mismo tipo de escena entre mis hijos tiempo después de aquel incidente, todavía me sentía angustiada y molesta, pero me controlaba. Entendía de dónde provenían estos sentimientos y era capaz de resolver las situaciones con mis hijos de forma provechosa.

↩

Cómo sanar a través del perdón

Una clave para resolver tus relaciones con tus padres es el perdón. ¿Tienes suficiente amor para perdonar los errores de tus padres? ¿Te perdonas a ti mismo por cualquier problema psicológico que tengas como consecuencia de las heridas, malentendidos, culpa, ira o dolor al crecer?

Cuando te perdonas a ti mismo y a tus padres, puedes empezar a responsabilizarte de tus problemas. Y cuando asumes este nivel de responsabilidad, das inicio al proceso de sanación. En su libro *Forgiveness: How to Make Peace with Your Past and Get On with Your Life* (El perdón: Cómo hacer las paces con tu pasado y seguir adelante con tu vida), Sidney y Suzanne Simon explican que la curación es un proceso constante que requiere un duro esfuerzo:

La paz interior se encuentra cuando cambias tú mismo, no las personas que te lastimaron. Y uno cambia *por uno mismo*, por la alegría, la serenidad, la paz mental, la comprensión, compasión, risa y futuro brillante que uno obtiene. Estas son las recompensas que uno puede recibir. Las personas a las que perdonas también se benefician, pero esa no es la razón por la que las perdonas.

Pero no te confundas, tendrás que esforzarte mucho por alcanzar estas cosas. Tendrás que trabajar bastante tiempo y duro a fin de sanar tus heridas y hacer las paces con tu pasado. No hay atajos ni pasajes tratándose del hecho de que *el perdón es posible siempre y cuando te comprometas con un proceso de sanación continua.*[3]

El perdón empieza con la comprensión de que tú y tus padres son imperfectos. Tú cometes errores y ellos cometen errores; pero eso no significa que sean malas personas o que no puedan amarse unos a otros. Tú puedes sanar tu propia alma si entregas a los demás lo que te gustaría que te entregaran: amor y perdón. Y puedes decir la siguiente afirmación para el perdón de ti mismo y de los demás.

YO SOY* el perdón aquí actuando,
Arrojando las dudas y los temores,

---

* Ver página 51 para la explicación del significado esotérico de "YO SOY".

La victoria cósmica despliega sus alas
Liberando por siempre a todos los hombres.

YO SOY quien invoca con pleno poder
En todo momento la ley del perdón;
A toda la vida y en todo lugar
Inundo con la gracia del perdón.

Tú eres amado(a) a la perfección por el Dios Padre-Madre

Mientras procuras perdón y sanación como preparación para la paternidad, dedica momentos a solas para meditar en tu corazón y en tu alma. Date cuenta de que en el principio Dios te creó a Su imagen y fuiste concebido en el amor del Dios Padre-Madre. Fue del amor perfecto entre Dios como Padre y Dios como Madre del cual naciste y del cual te convertiste en una manifestación única de amor.

Creo sinceramente que el punto en que nos apartamos de la realidad es ése en el que sentimos que no somos amados a la perfección por nuestro Dios Padre-Madre; en especial cuando hemos experimentado las cargas de nuestras relaciones con nuestros padres y madres humanos.

En este preciso momento estás siendo recreado a partir del amor del Dios Padre-Madre. Ese amor arde perpetuamente en el altar de tu corazón como una llama espiritual. Esa llama es la chispa de tu divinidad y sostiene tu vida. La luz de Dios fluye desde tu Ser Superior hasta dentro de la flama de tu corazón en todo momento. La llama del corazón es tu punto de contacto con Dios y con tu futuro hijo.

LA LLAMA DEL CORAZÓN

No hay mayor consuelo en el universo que saber que eres un hijo amado por el Dios Padre-Madre. Conforme recibes este consuelo en tu corazón, puedes impartirlo como el mayor de los regalos a tu hijo desde la concepción hasta el nacimiento y aun después.

Dos amigas especiales en el cielo están para ayudarte

Para muchos padres que esperan el nacimiento de su hijo, otro gran consuelo proviene de la intercesión de dos amigas especiales en el cielo: Kuan Yin, la bodhisattva oriental y Madre de Misericordia, y María, la madre de Jesús. Estas dos representantes de Dios como madre pueden ayudarte en cualquier área de tu vida incluyendo la curación de tu alma, y a superar dificultades para concebir o problemas durante el embarazo.

Kuan Yin es la salvadora cuya belleza, gracia y compasión han llegado a representar el ideal de la feminidad en Oriente. Un gran velo blanco cubre toda su figura y a veces está sentada en posición de loto.

A menudo, se representa a Kuan Yin con un niño en los brazos, cerca de los pies o sobre sus rodillas, o con varios niños alrededor de ella. Aquéllos que desean tener hijos tradicionalmente buscan su ayuda, ya que es considerada en muchas partes como la que concede hijos. Es la santa patrona de las familias y del parto. No puedes tener mejor aliada que Kuan Yin.

↜

Una noche estaba escuchando una cinta de música china dedicada a Kuan Yin. Recuerdo haber caído en un profundo sueño y ver que ella me entregaba un bebé. De inmediato supe que éste había sido un monje budista en una vida anterior. La energía del bebé era tan fuerte que podía sentirla como una exhalación a mi alrededor. También es-

cuché la voz del bebé que me hablaba. Era tranqui-
la y melodiosa.

Un día mi hija mayor, Jennifer, se me acercó y
me dijo: "vas a tener una niña que se va a llamar
Anna." Cuando le pregunté cómo lo sabía, Jennifer
contestó: "Fue mi hija hace mucho, mucho tiempo,
cuando éramos budistas." Más adelante, un ultrasonido reveló que el bebé era niña y empezamos a
llamarla Anna.

Durante la labor de parto le puse mantras musicales de Kuan Yin. ¡Fue el parto más tranquilo
que haya experimentado! Después de haber dado a
luz, la enfermera comentó: "Parece como si estuviera sonriendo". Hasta el día de hoy sé que Kuan
Yin ha bendecido a nuestra familia con el regalo de
un tranquilo monje budista.

Tradicionalmente, a la Bendita Virgen María, madre
de Jesús, se le considera la Reina de los Ángeles. Incluso hasta nuestros días está muy cerca de la gente de la
Tierra, como lo comprueban sus muchas apariciones
alrededor del planeta. Si bien es venerada fundamentalmente por católicos, cualquiera de nosotros puede
reclamarla como su madre, hermana, maestra y amiga.

A través de rezar el rosario, damos nuestra adoración a María. Cuando das el rosario a María, ella puede
transferirte su luz y su logro para que mantengas la visión del más elevado de los bienes para ti y para tu hijo
nonato.

El "Ave María" para la nueva era, que se encuentra al final de este capítulo, invoca su presencia con nosotros en los momentos en que más la necesitamos. Las palabras de este "Ave María" difieren ligeramente de la versión tradicional, la cual afirma que somos pecadores. Yo creo que Dios no desea que nos veamos a nosotros mismos como pecadores. Más bien, podemos afirmar nuestra identidad como hijos e hijas de Dios y pedirle a María que rece por nuestra victoria sobre el pecado, la enfermedad y la muerte.

También puedes pedirle a María que coloque su inmaculado corazón sobre el tuyo para que te ayude a solucionar cualquier problema en tu vida. Muchas personas creen que han experimentado la sanación gracias a su intercesión.

∽

Antes de mi embarazo sentí un poderoso deseo de tener hijos. Durante tres meses vi a la Bendita Virgen entregándome un hermoso bebé.

Llegó el momento en que quedé embarazada. Durante el primer trimestre con frecuencia le rezaba el rosario y le recitaba mantras a Kuan Yin.4 También meditaba en una pintura del inmaculado corazón de María y sobre una estatua que tenía de Kuan Yin.

Cuando entré al cuarto mes de embarazo mi cuerpo corrió el riesgo de tener un aborto. Mis libros de derecho pesaban veinte kilos y tenía que subir una colina muy empinada para llegar a clase.

Empecé a tener sangrados abundantes. Mi cuerpo estaba soportando demasiado estrés físico. Llamé a mi doctora, quien me atendió de inmediato. No me dio muchas esperanzas. Me envió a casa a descansar y esperar. Yo estaba decidida a no perder al bebe.

Recuerdo haber conducido hasta mi casa repitiendo el Ave María. Puse una cinta con el rosario y la repetí constantemente.[5] A lo largo de todo el día y la noche medité en María y recité su mantra. Me despertaba hablándole al bebé y diciéndole lo mucho que lo amaba y deseaba que se quedara conmigo. Con la amorosa ayuda de la Virgen María, el bebé y yo superamos la crisis y la amenaza de aborto. Di a luz a una hermosa niña.

Meditación en Dios como Madre

Si se lo pides, estas dos representaciones de Dios como Madre pueden ayudarte en cualquier área de tu vida. Ruega por su intercesión, medita en sus imágenes y recita sus mantras.

Kuan Yin

Om Mani Padme Hum
(Salve a la joya en el loto)

Na-Mo Sung Tzu Kuan Yin
(Homenaje a Kuan Yin, la que concede hijos)

María

¡Ave María, llena eres de gracia!
El Señor es contigo.
Bendita tú eres entre todas las mujeres
Y bendito es el fruto de tu vientre, Jesús.
Santa María, Madre de Dios,
Ruega por nosotros, hijos e hijas de Dios,
Ahora y en la hora de nuestra victoria
sobre el pecado, la enfermedad y la muerte.

CAPÍTULO TRES

Una energía espiritual única para la sanación y la transformación

Por cuanto en mí ha puesto su amor, yo también lo libraré,

Le pondré en alto, por cuanto ha conocido mi nombre,

Me invocará, y yo le responderé.

—SALMOS 91:14,15

Una de las formas espirituales más eficaces para sanarte a ti mismo y ayudar a tu bebé por nacer, proviene de una fuente inesperada: el poder creativo del sonido. Estudios científicos recientes confirman lo que los sabios han sabido por miles de años: el sonido es capaz de crear materia y transformarla, al igual que puede crear cambios espirituales y materiales en nuestras vidas.

Sabemos que el sonido puede ser una dramática fuerza destructora. Una nota muy aguda es capaz de hacer añicos una copa de vino. Un trueno es capaz de resquebrajar el yeso. Un disparo de pistola es capaz de provocar una avalancha. Pero el sonido también se puede usar de manera constructiva. Los médicos y los profesionales de la salud utilizan el ultrasonido para todo, desde la limpieza de las heridas hasta el diagnóstico de tumores. Algunos profesionales de la medicina alternativa están experimentando con el uso de tonos específicos para curar órganos. Y algunos investigadores están observando los efectos de la oración y los cánticos sobre la salud y el bienestar humanos.

El efecto transformador del sonido

Un grupo de monjes benedictinos descubrió un inesperado beneficio del uso que hacían del sonido con los cantos gregorianos: el canto parecía darles energía. Durante cientos de años los monjes de la orden benedictina habían mantenido un riguroso horario, durmiendo sólo unas cuantas horas en la noche y cantando de seis a ocho horas diariamente. Cuando un abad nuevo cambió el horario y suprimió los cantos, los monjes se cansaron y se aletargaron: mientras más dormían, más cansados parecían sentirse.

En 1967 llamaron a Alfred Tomatis, un médico psicólogo francés y especialista en oído, para descubrir qué andaba mal con ellos. Descubrió que los monjes habían "estado cantando a fin de 'cargarse' a sí mismos".[1] Reintrodujo el canto, junto con un programa para escuchar sonidos estimulantes, y pronto los monjes recuperaron la energía para regresar a su horario normal.

Durante siglos, los hinduistas y budistas han utilizado mantras en sus oraciones y han observado sus efectos. Un mantra es una palabra o combinación de palabras que, se afirma, son sagradas. Muchos mantras están compuestos de palabras en sánscrito. De acuerdo con la tradición hindú, los mantras fueron recibidos como inspiración divina por místicos que eran capaces de oír los tonos fundamentales del universo.

Las escrituras hindús nos dicen que los yoguis han utilizado mantras junto con visualizaciones para encender fuegos, materializar alimentos y otros objetos físicos, producir lluvia e incluso influir en el resultado de las batallas. Pero producir cambio físico no era el objetivo principal de los yoguis. Básicamente usaban los mantras para obtener protección, sabiduría, mayor concentración, iluminación y unión con Dios.

Algunos de los mejores ejemplos del efecto transformador del sonido provienen de la Biblia. Cuando los israelitas "gritaron a gran voz", los muros de Jericó se derrumbaron. A una orden de Jesús, los enfermos quedaban curados y los espíritus del mal huían. Y el paralítico de nacimiento caminó por primera vez cuando Pedro ordenó "En nombre de Jesucristo de Nazaret, ¡levántate y anda!".[2]

El sonido que puede transformar nuestros mundos espiritual y material no es cualquier sonido. Es la Palabra de Dios. En los antiguos Vedas hindús leemos: "En el principio existía Brahmán con quien estaba el Verbo, y el Verbo es Brahmán".[3] De igual modo, el apóstol Juan escribió: "En el principio era el Verbo, y el Verbo estaba con Dios, y el Verbo era Dios". Y el Génesis dice que cuando Dios pronunció las palabras "Hágase la luz", el proceso de la creación comenzó.[4]

La oración hablada es más eficaz que la oración en silencio

Los hindús y los budistas no son los únicos que usan el poder de la Palabra. Las oraciones se dicen, se cantan y se entonan en iglesias, templos y mezquitas alrededor del mundo. Los cristianos rezan el Padre Nuestro o el Ave María. Los judíos dan el Shema y los musulmanes el Shahadah. Tal vez la práctica esté tan difundida porque la gente de muchas religiones reconoce por instinto la eficacia de la oración hablada.

Sea cual sea la religión que practiques (o no practiques), puedes aprovechar el poder creativo de la Palabra de Dios a través de la oración hablada. Existen distintas formas de oración hablada tales como cánticos, mantras y afirmaciones. Pero como mucha gente ha descubierto, la forma llamada decreto es la más efectiva para el cambio; para ti y para tu futuro bebé. Al igual que las oraciones, los decretos son peticiones habladas a Dios. Pero aún más que eso, son una fórmula hablada, una orden para que la voluntad de Dios se manifieste.

❦

Cuando oí hablar de los decretos por primera vez, no podía entender por qué debía decirlos en voz alta. Por naturaleza yo tendía al silencio y la meditación. Los decretos me parecían versos absurdos.

Una persistente amiga me animó a usarlos, de modo que un día decidí volverlos a intentar. Dije una oración en silencio: "Dios, explícame por qué debo hacer esto. Si hay algún valor y acción positiva en los decretos, ¡muéstramelo!". Y empecé a dar el decreto "YO SOY la llama violeta..." [pág. 130]

Me sentí elevada a otro reino de conciencia. Una intensa luz rosa y blanca me envolvió y por detrás de mí escuché el ajetreo de unas poderosas alas que se aproximaban a gran velocidad. De algún modo supe que era un ángel.

Entonces me percaté de que aún estaba dando el decreto. Vi cómo las palabras del decreto se con-

virtieron en energía que a su vez se transformó en una gran esfera de resplandeciente luz blanca justo enfrente de mi boca. En el momento en que la esfera se formó, dos hermosas manos la tomaron de mis labios y desaparecieron con ella a la velocidad del rayo. Entonces la visión se desvaneció.

Todo sucedió en una fracción de segundo. La luz a mi alrededor se desvaneció y floté de nuevo a mi conciencia normal. No sé quién era el ángel, pero permanecí con una vívida comprensión de lo que sucede cuando damos decretos. Desde entonces siempre los he dado.

~

Usando el nombre de Dios en los decretos

Una de las razones de que los decretos sean una forma tan eficaz de oración es que incluyen el nombre de Dios. Cuando Dios le habló a Moisés a través de la zarza ardiente, reveló que Su nombre es "YO SOY EL QUE YO SOY."[5] A menudo los decretos sencillamente usan "YO SOY" en vez del nombre completo. De modo que cuando decimos "YO SOY", lo que en realidad estamos diciendo es "Dios en mí es..." De esta forma afirmamos nuestra unión con Dios y tenemos acceso a su infinito poder, sabiduría y amor.

Cualquier cosa que digas después de las palabras "YO SOY", se convertirá en realidad en tu mundo, porque la luz de Dios que fluye a través de ti hará que así sea. Éste es el significado más profundo de la así llamada conexión mente-cuerpo. El estado de tu cuerpo se ve influido por lo que piensas y por lo que dices. Tus palabras son una profecía que se autorrealiza; de modo que si te sorprendes diciendo: "estoy cansado" o "no soy lo bastante bueno", detente y dirige de nuevo el poder de Dios dentro de ti diciendo: "En el nombre de Dios YO SOY EL QUE YO SOY y de acuerdo con la voluntad de Dios, YO ESTOY lleno de energía" o "YO SOY digno".

Cuando usas el nombre de Dios haces que actúe la inteligencia discriminadora de tu Ser Superior para asegurarte de que únicamente la voluntad de Dios se manifieste a través de tus decretos. Entonces tus decretos producirán cambio dentro de tu corazón, cuerpo, mente y alma en todos niveles, y retroactivamente en todas tus vidas pasadas desde que te separaste de la perfección de Dios.

El fuego violeta: una energía espiritual única

A lo largo de este libro puedes usar los decretos y mantras a fin de ordenar el flujo de la energía de Dios dentro de tu vida mientras te preparas para la paternidad. Mediante los decretos también puedes invocar una energía espiritual única conocida como el fuego violeta.

El fuego violeta, también llamado la llama violeta, puede crear todo tipo de cambio positivo en ti. Puede curar problemas físicos y aumentar tu vigor. También puede ayudar a transformar problemas psicológicos sin resolver en tu subconsciente que de otra forma llevaría años de terapia resolver.

La llama violeta es la alegría de vivir que puede elevar tu espíritu, y es la llama del perdón. Puede ayudarte a resolver experiencias pasadas no resueltas con tus padres o con otras personas en tu vida que te han hecho daño o a quienes les has hecho daño.

La llama violeta también puede transmutar karma negativo de esta vida y de vidas anteriores. *Transmutar* significa alterar en la forma, la apariencia o la naturaleza; en especial, cambiar algo a una forma superior. El término fue usado por alquimistas que intentaban transmutar metales básicos en oro, separando lo "sutil" de lo "denso" mediante el calor. Tanto para los alquimistas de la antigüedad como para los medievales, el verdadero propósito de la transmutación era la transformación espiritual y alcanzar la vida eterna.

Eso es precisamente lo que la llama violeta puede hacer por ti. Puede consumir elementos de tu karma para que puedas hacer que aparezca el verdadero oro de tu Ser Superior.

Si hemos hecho mucho bien en nuestras vidas, también hemos creado energía negativa que se ha acumulado y luego calcificado en nuestros mundos físico, mental y emocional.

Como resultado, no nos sentimos tan ligeros, libres, felices, vibrantes y espirituales como podríamos sentirnos. La llama violeta puede consumir los escombros dentro y entre los átomos de tu ser.

Cuando invocas la llama violeta así es como funciona. Envuelve a cada átomo por separado. Al instante se establece una polaridad entre el núcleo del átomo y la luz blanca en el centro de la llama. El núcleo, al ser materia, asume el polo negativo. Y la luz de la llama violeta, al ser espíritu, asume el polo positivo.

La interacción entre el núcleo del átomo y la luz de la llama violeta, establece una oscilación. Esta oscilación remueve las densidades que se encuentran atrapadas entre los electrones en órbita alrededor del núcleo. Conforme esta sustancia se desprende, los electrones empiezan a moverse con mayor libertad y el desecho se arroja a la llama violeta.

Esta acción tiene lugar en una dimensión no física, o "metafísica" de la materia. Al contacto con la llama violeta, la sustancia densa es transmutada, restaurada a su pureza original y regresa tu Ser Superior.

La manera de invocar la llama violeta es recitando los mantras de la llama violeta que están al final de este capítulo o los que se encuentran al final del capítulo 6. Puedes experimentar dando estos decretos para la transmutación, la curación y la transformación espiritual. Por ejemplo, da de cinco a quince minutos de decretos de la llama violeta al día, luego observa los cambios que experimentas después de una semana o un mes.

La repetición y la visualización dan mayor poder a los decretos

Recibirás un mayor beneficio de tus decretos de llama violeta si repites cada decreto varias veces. En Oriente, la gente repite sus mantras una y otra vez, incluso miles de veces al día; pero en Occidente estamos menos familiarizados con la idea de repetir una oración.

Con frecuencia la gente dice: "¿Por qué debo pedirle algo a Dios más de una vez?" Pero repetir un decreto o mantra no es solamente hacer la misma petición una y otra vez. Cada vez que repites un decreto, estás aumentando su efectividad.

Cada momento la energía de Dios está fluyendo hacia ti desde tu Ser Superior Así que mientras estás diciendo tus mantras y decretos, estás continuamente cargando toda esta energía con la luz de Dios. Mientras más decretos dices más energía positiva obtienes y más puedes enviar al mundo para bendecir a otros.

Imagina que estás sentado junto a una corriente y vacías litros de tinte púrpura en ella. El agua enfrente de ti se vuelve de un color púrpura intenso; pero el agua púrpura fluye hacia abajo con la corriente y pronto el agua que está frente a ti es clara de nuevo. Si quieres teñir toda la corriente de púrpura, tienes que seguir vaciando litros de tinte púrpura en ella.

Sucede lo mismo con la oración hablada. Si decretas en voz alta por unos cuantos minutos, tus oraciones van a afectar una situación. Pero una situación seria puede necesitar atención continua. Decir una sola vez una oración, mantra o decreto, no siempre es suficiente para superar problemas mayores.

Lo que piensas mientras estás decretando también influye en el poder y la efectividad de tus decretos. Una persona que se concentra en sus decretos puede lograr más en cinco minutos que alguien que decreta todo el día sin concentrarse.

Cuando decretes, crea una imagen mental o visualización. Puedes empezar por cerrar los ojos y concentrarte en la llama de Dios en tu corazón o en tu Ser Superior, el cual puedes ver como un deslumbrante sol de luz encima de tu cabeza. O puedes dejar que las palabras del decreto dirijan tus visualizaciones. En los capítulos 6, 7 y 8 aprenderás visualizaciones específicas que puedes usar durante el embarazo para el sano desarrollo de tu bebé.

Si mientras decretas tu atención se fija firmemente en una imagen específica, los resultados serán infinitamente más efectivos que si tu mente vaga y miras al azar alrededor del cuarto. Si te distraes, suavemente regresa tu mente al foco de tu atención.

Mientras más practiques, más hábil te volverás para centrar la atención. Una vez que hayas memorizado un decreto, puedes cerrar los ojos mientras repites el decreto y fortalecer tu concentración en la imagen que has creado.

Cuándo y dónde decretar

Cada mañana un ángel nos trae nuestro karma para el día. Tan pronto como despertamos, ese paquete de karma negativo nos está aguardando. De manera que puedes hacer una de dos cosas cuando despiertas en la mañana. Puedes decir: "Bueno, estoy demasiado ocupado para decir mis oraciones en este momento. Tendré que lidiar con este paquete de karma más tarde." Si haces eso, probablemente descubras que tu karma pesará sobre ti a lo largo del día. O puedes despertar y decir tus oraciones y decretos de inmediato, y sin duda tendrás un día mucho más ligero.

Debido a que la oración en voz alta es más efectiva que la oración en silencio, es mejor decir los decretos en voz alta. Si no puedes hacerlo —porque estás en un lugar público, por ejemplo— puedes repetir mentalmente los decretos. Puedes dar decretos en cualquier lugar, incluso mientras realizas tus labores, das un paseo o manejas. Pero trata de dedicar al menos unos momentos al día a decretar sin interrupción en un lugar tranquilo.

Cuando estés listo para decretar, primero di una oración en la que nombres específicamente lo que quieres que Dios haga por ti. Luego elige un decreto. Pronuncia las palabras con devoción y sentimiento. Imprímele a cada palabra tu amor a Dios, sosteniendo en la mente la visualización que elegiste.

No te desanimes si tus decretos no parecen dar resultado de inmediato, o de la forma que esperabas. Ten fe en que Dios te responderá de la mejor forma para tu alma y para el alma de tu hijo.

Purifica tus chakras

A menudo, muchos padres sienten intuitivamente la necesidad de purificarse a fin de prepararse para la concepción. Es posible que empiecen por comer una dieta más sana o por ayunar una vez a la semana para limpiar su cuerpo.

El proceso de purificación antes de la concepción es importante porque puede aumentar tu capacidad para transferir luz a tu hijo. La llama violeta puede ayudar enormemente en este proceso. Puedes invocarla y pedir específicamente la purificación de tus recuerdos y pensamientos, de tus sentimientos, de tus deseos y de tu cuerpo físico. Asimismo, puedes usarla para purificar tus chakras, los centros espirituales de tu cuerpo.6 *Chakra* es una palabra en sánscrito que significa "rueda" o "disco". Cada chakra tiene una función y frecuencia únicas y representa una diferente cualidad de la conciencia de Dios. Estas diferencias dependen del color y número de "pétalos" de cada chakra. Mientras más pétalos tiene un chakra, más elevada es su frecuencia. Y mientras más energía fluya por un chakra, más rápido gira.

Hay siete chakras mayores: la coronilla, el tercer ojo, la garganta, el corazón, el plexo solar, la sede del alma y la base de la columna. Situados a lo largo de la columna vertebral son invisibles al ojo: No obstante, tu vida y tu progreso espiritual dependen de su vitalidad.

Tus chakras son estaciones receptoras y emisoras para la energía de Dios que fluye hacia ti y desde ti cada día. Actúan como transformadores de luz espiritual, vigorizando tu memoria, tu mente, tus sentimientos y deseos, y las células y órganos de tu cuerpo físico.

Desgraciadamente, en virtud de nuestras interacciones con los demás a lo largo de nuestras muchas vidas, los residuos kármicos se han acumulado alrededor de nuestros chakras. Estos residuos son como las hojas

Los Siete Chakras De Luz

CHAKRA	COLOR # DE PÉTALOS	CUALIDADES	ÓRGANOS RELACIONADOS
Coronilla	Amarillo 972	Sabiduría, serenidad, fidelidad	Cerebro, glándula pituitaria hipotálamo
Tercer Ojo	Verde esmeralda 96	Visión, verdad, sanación	Tallo cerebral, cerebelo, glándula pineal, ojos, oídos
Garganta	Azul zafiro 16	Fe, poder, voluntad, fortaleza	Pulmones, tiroides, laringe, tráquea, cuerdas vocales
Corazón	Rosa 12	Amor, compasión, bondad	Corazón, timo, sistema linfático diafragma
Plexo solar	Morado y oro 10	Paz, servicio, hermandad	Estómago, riñones, páncreas, hígado, vesícula biliar
Sede del alma	Violeta 6	Libertad, perdón, alegría	Bazo, ovarios, testículos, intestinos, apéndice
Base de la columna	Blanco 4	Pureza, disciplina, orden	Vejiga, recto, órganos reproductivos

que tapan el drenaje después de que llueve. Para que el agua corra adecuadamente por el drenaje, necesitamos retirar las hojas.

De forma similar, para que la luz de Dios fluya a través de tus chakras, necesitas retirar los desechos que se adhieren a esos centros sagrados. Cuando tus chakras están obstruidos, es posible que te sientas aletargado, pesimista o enfermo sin saber por qué. Cuando tus chakras y los circuitos de energía que los conectan están despejados, te sientes con más energía, positivo, alegre y generoso. Y cuando los chakras de la madre embarazada están despejados, el bebé por nacer recibe el beneficio de la luz de Dios que fluye a través de ellos.

Mediante la meditación en Dios y la expansión del amor en tu corazón, la luz de la divina Madre, llamada Kundalini en la tradición oriental, se elevará desde el chakra de la base de la columna y activará la energía de todos los chakras. Conforme esta energía se eleva, a su vez cada chakra empieza a girar. Se abre y eleva sus pétalos, lo cual significa el despliegue de tus poderes espirituales latentes.

Mucha gente ha usado la llama violeta para despejar con eficacia sus chakras. Para purificar tus chakras, puedes dar la meditación del fuego violeta para los chakras que está en las páginas siguientes. Cada persona requiere una cantidad de tiempo distinta para ver resultados tangibles, pero la llama violeta empieza a trabajar tan pronto como la invocas. Si no dejas de dar tus decretos de llama violeta, comenzarás a ver y a sentir la diferencia. La llama violeta obra milagros. ¡Tú puedes esperar uno!

Meditación en los Chakras con el Fuego Violeta

EJERCICIO Y VISUALIZACIÓN:

Empezamos nuestra meditación con el chakra del corazón porque es el chakra más importante. La luz espiritual de tu Ser Superior fluye dentro de tu chakra del corazón. Desde el chakra del corazón esta luz se distribuye a los otros seis chakras. Y desde los chakras, la luz se distribuye a todos los órganos, células y centros nerviosos de tu cuerpo.

Después de meditar en el chakra del corazón, nos centramos en los chakras que se encuentran encima y debajo del corazón en el orden dispuesto en los siguientes mantras de fuego violeta. Mientras das estos mantras, ve cómo la llama violeta baña y limpia tus chakras, disolviendo los desechos que se han acumulado alrededor de ellos.

PREÁMBULO:

Puedes empezar esta meditación de los chakras con el siguiente preámbulo:

En el nombre de Dios YO SOY EL QUE YO SOY,
pido la purificación de mis chakras.
De acuerdo con la voluntad de Dios, yo decreto:

Meditación en los Chakras con el Fuego Violeta

MANTRAS:

¡YO SOY un ser de fuego violeta!
¡YO SOY la pureza que Dios desea!*

 ¡Mi corazón es un chakra de fuego violeta,
Mi corazón es la pureza que Dios desea!

¡YO SOY un ser de fuego violeta!
¡YO SOY la pureza que Dios desea!

 ¡Mi chakra de la garganta es una rueda de fuego violeta,
Mi chakra de la garganta es la pureza que Dios desea!

¡YO SOY un ser de fuego violeta!
¡YO SOY la pureza que Dios desea!

 ¡Mi plexo solar es un sol de fuego violeta,
Mi plexo solar es la pureza que Dios desea!

¡YO SOY un ser de fuego violeta!
¡YO SOY la pureza que Dios desea!

(continúan los mantras)

---

* Para mayor eficacia, di cada mantra de dos líneas, tres veces o más.

Meditación en los Chakras con el Fuego Violeta

(Continúan mantras):

 ¡Mi tercer ojo es un centro de fuego violeta,
Mi tercer ojo es la pureza que Dios desea!

> ¡YO SOY un ser de fuego violeta!
> ¡YO SOY la pureza que Dios desea!

 ¡Mi chakra del alma es una esfera de fuego violeta,
Mi alma es la pureza que Dios desea!

> ¡YO SOY un ser de fuego violeta!
> ¡YO SOY la pureza que Dios desea!

 ¡Mi chakra de la coronilla es un loto de fuego violeta,
Mi chakra de la coronilla es la pureza que Dios desea!

> ¡YO SOY un ser de fuego violeta!
> ¡YO SOY la pureza que Dios desea!

 ¡Mi chakra de la base es una fuente de fuego violeta,
Mi chakra de la base es la pureza que Dios desea!

> ¡YO SOY un ser de fuego violeta!
> ¡YO SOY la pureza que Dios desea!

CAPÍTULO CUATRO

Cómo espiritualizar el matrimonio y la concepción

*Cuando la unión sexual se realiza en nombre
del cielo, no hay nada más sagrado o puro.
La unión de hombre y mujer, cuando es
correcta, es el secreto de la civilización.
Mediante ella, uno se convierte en socio de
Dios en el acto de la Creación.*

—Iggeret Ha-Qodesh

Dios ha bendecido la institución humana del matrimonio como una oportunidad para que dos individuos desarrollen la integridad. El matrimonio tiene el propósito de ser místico, ya que conmemora la reunión del alma con Dios; y fructífero, ya que bendice a la tierra con un amor magnánimo. Ese amor es un imán que te permite llegar a ser más de Dios.

Contemplas así el sagrado círculo del matrimonio como un lugar donde amas más a Dios y obtienes más de Su energía. Por lo tanto, tienes una mayor capacidad para cumplir tu misión, para ayudar a los demás y para pagar tus deudas kármicas (en especial mediante la intimidad de las relaciones familiares).

En la relación del matrimonio, como en todas las relaciones, nos estamos invistiendo más de la conciencia de Dios al entendernos uno al otro y al convertirnos en aquello que percibimos de Dios uno en el otro. Sin las relaciones, no podríamos desarrollarnos. Si colocas a un bebé recién nacido solo en una habitación y lo privas del contacto con la gente, no se podrá desarrollar. De hecho, probablemente muera. Necesita el estímulo de otras personas, lo cual es, en realidad, la interacción con la presencia de Dios en cada uno de los demás.

De este modo la relación matrimonial es también una oportunidad para el desarrollo espiritual. Y cuando enfrentas los inevitables retos del matrimonio, puedes sentirte tentado a renunciar a la relación a menos que entiendas la gran oportunidad que es el matrimonio para la resolución interna y para el equilibrio del karma.

Cargando el karma del otro

El significado de que hombre y mujer sean "una sola carne", como dice la Biblia,1 es que el hombre y la mujer, cuando inician el contrato matrimonial, convienen en cargar cada uno el karma del otro. El voto del matrimonio significa que cargaremos el karma del otro y compartiremos uno con el otro los niveles de logro espiritual.

Durante el cortejo lo que destaca, generalmente, es el logro de cada quien. Vemos todo lo que es bueno y hermoso y maravilloso acerca de nuestra probable pareja matrimonial. Una vez que se toman los votos matrimoniales todo eso permanece; pero también se comparte el peso del karma.

Actualmente la mayoría de las personas no saben en lo que se están metiendo cuando acuden al altar para casarse. De manera que toman los votos matrimoniales y son declarados marido y mujer. Entonces, de pronto, un buen día despiertan y "la luna de miel se ha terminado", y descubren que cargan un paquete adicional en la espalda. La esposa está cargando el karma del esposo, y el marido está cargando el karma de la esposa.

Bueno, es algo parecido a ponerse en los zapatos de otra persona. No son del todo cómodos, no están siendo usados en los lugares correctos, y ni siquiera quedan bien. Y entonces, de repente, empezamos a resentir esta carga extra que hemos asumido en esta relación matrimonal.

Cuando haces el voto de "en lo próspero y en lo adverso, en la riqueza y en la pobreza, en la salud y en la enfermedad", estás haciendo el voto de compartir tu karma. Ahora se convierte en una carga compartida. Las debilidades de tu pareja pueden ser equilibradas por medio de tus fortalezas. Tus propias debilidades pueden ser equilibradas mediante las fortalezas de tu pareja. Para eso es el matrimonio.

De manera que, conforme los ciclos kármicos se van desarrollando y se presenta la enfermedad o las penurias, entiendes que esto es lo que aceptaste compartir. Es posible que hayas experimentado las bellezas y las alegrías del matrimonio, pero también debes compartir el desenvolvimiento del karma conforme te llega a lo largo de la vida. Puede ser compartido felizmente y transformado, en especial si invocas la llama violeta.

Por lo tanto, tenemos que elegir: Podemos permitir que nuestro karma se apodere de nuestras vidas y sea una carga para el matrimonio, o podemos cambiarlo. Cuando entiendas que tu karma puede volverte ciego(a) respecto a las virtudes de tu pareja, puedes hacer la elección deliberada de transmutar ese karma y espiritualizar tu matrimonio.

Tener expectativas realistas

No debemos esperar que el matrimonio proporcione las respuestas a todos los problemas de la vida. Podemos desear que de alguna manera todo el dolor y la aflicción de la vida sean suprimidos y que nuestros más grandes anhelos —incluyendo nuestros sueños, fantasías y deseos subconscientes— de pronto se realicen. Pero éste no es el caso. Es una de esas ilusiones que la sociedad nos presenta.

Y de ese modo ponemos sobre nuestra pareja matrimonial exigencias y presiones no realistas. La esposa espera del esposo todas estas satisfacciones, y el esposo espera de la esposa todas estas satisfacciones; y ni los mismos dioses podrían estar a la altura de todos los ideales que tenemos respecto a la suprema felicidad del estado matrimonial. Estas exigencias llevan a los matrimonios hasta el punto de ruptura, porque los cónyuges exigen lo que el matrimonio no está destinado a dar.

Necesitamos, por lo tanto, definir el matrimonio y ver lo que puede dar, y lo que nosotros podemos darle. Necesitamos tener una conciencia saludable, práctica y realista de lo que debe tener lugar en el matrimonio.

Diferentes papeles en el matrimonio

La manera en que el matrimonio funcionará mejor es si marido y mujer comprenden que el matrimonio puede contener la totalidad de Dios y la totalidad de las relaciones humanas. Por lo tanto, no puede haber papeles rígidos en una relación matrimonial plena.

En otras palabras, la esposa no siempre es la esposa. Ella es cada aspecto de la naturaleza femenina de Dios en un momento u otro. Así que puede ser madre o hija o hermana o esposa. Puede ser niña o puede ser la matriarca madura, la patrona de la vida.

Al mismo tiempo, el esposo no puede desempeñar el papel rígido de marido porque Dios no es el rígido papel de esposo. Dios aparece ante nosotros como padre, como hijo, como el aspecto del Espíritu Santo, como hermano, como vecino, como amigo, como compañero en el camino; y todas estas relaciones pueden realizarse y cambiar de un momento a otro.

Si siempre estamos exigiendo que nuestro cónyuge sea el epítome de nuestro concepto de lo que es un marido o de lo que es una esposa, nos veremos tristemente decepcionados porque nadie es rígidamente un solo papel o una sola persona. Y si volvemos rígida nuestra relación basándonos en lo que la sociedad nos dice que el matrimonio debe ser, nos perdemos de la riqueza y la profundidad que Dios nos ha dado para experimentar.

Estos distintos papeles le dan una naturaleza expansiva a la relación del matrimonio. Podemos disfrutar uno del otro como amigos, como confidentes, como compañeros en un esfuerzo común, o como padres de un niño. Podemos disfrutar uno del otro casi en cualquier capacidad.

Recuerdo haber aconsejado hace mucho tiempo a una mujer que no podía llevarse bien con su esposo. Y le dije: "¿No comprendes que en algún momento dado

todos necesitamos una madre y todos necesitamos tomar ese papel? A veces tienes que ser madre incluso
para tu marido y a veces él tiene que ser un padre para
ti". Bueno, ¡para ella esto era inadmisible! Definitivamente ella no iba a aceptar el papel de madre con relación a su esposo.

Cuando esto sucede perdemos de vista algo muy importante. En algún lugar muy dentro del alma todos somos niños pequeños y tenemos ese delicado punto que
todavía puede ser lastimado y que todavía reacciona
como niño. Y nosotros identificamos eso en nosotros
mismos y lo comprendemos. Sin embargo, cuando mira-
mos a alguien más, lo olvidamos. Decimos: "No, él es un
adulto. Debe comportarse como adulto. No debe hacer-
me demandas que un niño le haría a uno de sus padres".

Perdemos una gran oportunidad cuando le nega-
mos a cualquier adulto el derecho de ser a veces como
un niño. Todos tenemos el derecho de ser niños y todos
tenemos el derecho de ser alumnos. Y todos tenemos
momentos en los que somos maestros sin lugar a dudas.
Siempre hay alguien que puede aprender de ti.

Por ende, el matrimonio es como dos llamas entrelazadas. Cuando ves un fuego físico, entiendes que
nunca podrás atrapar la flama y decir, "ésta es la forma
de la flama". Nunca tiene una forma, nunca deja de
moverse. Las dos llamas de un matrimonio están constantemente saltando, moviéndose y asumiendo distintas características de Dios.

Y si son dos llamas, deben estar unidas en armonía.
Cuando una adopta una forma, la otra se amolda alre-

dedor de esa forma. Ésta es la creatividad de cada día y el flujo del amor que puede existir entre marido y mujer.

La adoración de Dios en tu cónyuge

Amar a Dios en tu esposo o esposa es la espiritualización del matrimonio. Adorar y venerar la llama de Dios en tu cónyuge no es falta de respeto a Dios. Es exaltar lo más elevado y lo más noble en cada uno.

Pero para ver a Dios uno en el otro, deben guardarse respeto mutuo. Y desde luego, para tenerse respeto mutuo deben respetarse a sí mismos. Si no respetas la llama de Dios en tu propio corazón, nunca la respetarás en alguien más. Si no te amas primero a ti mismo como creación de Dios, nunca serás capaz de amar a alguien más a satisfacción de él o de ella ni a satisfacción tuya.

Puedes amar a Dios en un hombre o en una mujer y aun así experimentar atracción física. Cuando llegas al fondo del asunto, la comprensión de que estás amando a Dios en tu pareja no te priva de nada. Simplemente significa que todas tus energías, incluyendo las energías sexuales, están espiritualizadas y que experimentas amor al nivel de la unión divina.

Así pues, ¿cómo reconciliamos el deseo sexual con esta experiencia exaltada? El deseo sexual es el deseo de Dios de producir la más elevada creatividad en cada aspecto de la vida. Es el enorme moméntum del deseo de Dios de estar en manifestación física, y es el moméntum de energía que se necesita para la unión de la semilla y el óvulo.

Dios no creó el universo sin deseo. Tuvo que desear tener Su universo. Del mismo modo, para crear tú —y esto se aplica a cualquier proyecto o creación que estés emprendiendo— también debes tener deseo.

Si no aplicas la plenitud de tu masculinidad o feminidad a tu moméntum del deseo, es como una diminuta ola que se deshace en la playa; cae pesadamente porque no hay deseo detrás de ella. Pero mira las maravillosas olas que rebotan y rompen con estruendo y son las que más alto suben, y comprendes el sentido del deseo que debes tener para construir tu vida, para convertirte en hijo o hija de Dios y ser un padre o una madre eficaz. Debes tener tánto deseo que cuando la ola rompa en la orilla de tu vida, libere esa mucha energía para la creación.

Por lo tanto, cuando se entiende el deseo sexual, la espiritualización de la procreación puede convertirse en la experiencia común de todos los hombres y mujeres de esta época; y esto puede suceder en un abrir y cerrar de ojos. El requisito principal es sencillamente un cambio en la conciencia. Y puedes liberarte de la presión de la culpa, la vergüenza y la confusión en lo que al sexo se refiere.

No hay tal cosa como el pecado original

Así que, ¿qué hay respecto a sexo y pecado original?

La doctrina del pecado original, que hasta el día de hoy se enseña, sostiene que, como resultado de la caída de Adán y Eva, todos los integrantes de la raza humana nacemos con un defecto moral. Aun cuando la mayoría de nosotros rechazamos esta doctrina en nuestra mente consciente, es posible que en niveles subconscientes todavía conservemos un sentido de condena con respecto al sexo.

Cuando era niña y escuché hablar de esta doctrina por primera vez, no podía entender cómo los pecados de alguien que había vivido hace cinco mil años o más podían convertirme en una pecadora. Nunca pude entender esta enseñanza, y hasta el día de hoy no creo en ella.

Entre los primeros padres apostólicos, casi no hay indicios del concepto del pecado original. No fue sino hasta el quinto siglo que surgió la controversia sobre la doctrina del pecado original. San Agustín enseñó que la mancha del pecado original se transmite de generación en generación por el acto sexual mismo. Y como él pensaba que el acto sexual iba siempre acompañado de lujuria, lo declaró inherentemente pecaminoso.

No existe tal cosa como el pecado original porque nuestro origen está en Dios. Así de sencillo. Por lo tanto, podemos pedirle a Dios que nos ayude a arrancar de nuestro subconsciente cualquier sentido remanente de impureza o condena sobre el sexo y la procreación.

Cómo elevar tu conciencia para la concepción

Tus pensamientos y sentimientos en el momento de la concepción pueden ser un factor determinante en la clase de alma que atraerás como hijo tuyo. Algo que puedes hacer para elevar tu conciencia, incluso antes de que intentes concebir, es llenar tu casa de música espiritual. Poner villancicos de Navidad (sin importar qué época del año sea) es una de las mejores formas de impregnar tu hogar con una conciencia de santidad.

Es importante que elijas tu música con cuidado y aprendas a discernir la conciencia de los que están cantando. Escucha grabaciones de personas que tienen voces angelicales o una profunda devoción (como la de Mario Lanza), ya que dichas canciones tienen el propósito de atraer a tu hogar a los ángeles mismos.

Mi difunto esposo Mark Prophet y yo escribimos el siguiente poema dedicado a la concepción inmaculada, o pura. Puedes recitarlo para recuperar tu propia conciencia de pureza y dignidad para ser el instrumento de Dios para la sagrada concepción de tu hijo. El poema afirma además la santidad de la vida y la reverencia por la chispa del amor divino y el flujo de la semilla de identidad del padre a la madre.

En el cielo y en la tierra
    La vida es sagrada aún;
La vida, el espíritu de Dios, la excelencia de Él,
    Ejerce Su Voluntad.

Dondequiera que la radiación de su llama
    Enciende chispa,
El blanco de la flecha cósmica
    Realza la marca de la perfección.

El espíritu alimenta al amor creativo

Para el dulce flujo.
Ningún pensamiento estropea la imagen
Ni arriba ni aquí abajo.

Pues la barca sagrada de la vida
Navega libre por siempre,
Y nadie romperá el arco
De nuestra bendita libertad.

Puedes pensar en tu conciencia como una flecha que lanzas alto hacia el cosmos en el momento de unirse con Dios uno en el otro durante la unión sexual. La perfección de la marca es elevada por el blanco de esa flecha cósmica. Y ese blanco es el impulso del amor tuyo y de tu deseo, del deseo de Dios dentro de ustedes: ver que su flecha alcanza la estrella más alta: el alma de su futuro hijo.

⬿

Cuando nuestro hijo fue concebido, experimenté una bendición espiritual muy especial. Mi esposo y yo empezamos el acto sexual con una sencilla oración a la Santísima Virgen y a los ángeles para que consagraran nuestra unión. Sentía en mi corazón un gran amor por mi esposo y por el niño que sabía que iba a llegar. Durante muchos años había esperado nuestra unión, por lo que estaba llena de gran júbilo.

Cuando nos unimos, cerré los ojos y sentí cómo nuestras conciencias se elevaban en un haz de luz.

Éramos atraídos sin esfuerzo alguno hacia un lugar elevado que se abría en un amplio espacio de mucha luz. Recuerdo haber sentido la vastedad de una luz dorada y blanca en este lugar aparentemente sin límites. Era hermoso e infinitamente tranquilo. Yo desconocía el significado de la experiencia, pero sentí que algo especial había ocurrido. Dos semanas después, descubrí que estaba embarazada.

Antes de conocer a mi esposo, él tuvo una visión en los Himalayas de un alma que algún día quería nacer de él. Y sucedió que después de muchos años de prepararnos para tener a nuestro primer hijo, viajamos a los Himalayas, hasta la fuente del Ganges, a un lugar muy alejado de la civilización donde pudimos meditar y orar y comunicamos con esta alma a la que queríamos dar vida.

Ambos pasamos todo un día, cada uno por su lado, realizando nuestras propias prácticas espirituales, y luego nos unimos en la noche. Fue algo muy especial. Después de eso, sentía como si estuviera guardando y protegiendo un secreto sumamente valioso mientras descendíamos de las montañas de regreso a la planicie.

La meta de la meditación de ustedes para la concepción es ser trasladados hasta la cima de la sintonía espiritual. He seleccionado un número de canciones y decretos para la meditación que pueden proporcionarte este nivel de sintonía (ver la Meditación para la Concepción en las siguientes páginas). Cada vez que trates de concebir, puedes ofrecer parte de esta meditación o toda como un ritual antes de la unión sexual. O puedes seleccionar otras canciones, decretos, oraciones o mantras que te faciliten la mejor forma de comunicarte con Dios y con el alma de tu hijo. Poner música espiritual le brinda a la mayoría de la gente un elevado nivel de sintonía.

Meditación para la Concepción

Esta es una meditación recomendada para aquellos que están familiarizados con la tradición cristiana. Empieza por escuchar las siguientes canciones en audiocasetes o CD. O si conocen las melodías, tu pareja y tú pueden cantarlas juntos sin ninguna grabación. Mientras cantan o escuchan la oración del Señor, centren su atención en Dios como Padre. Y para el Ave María, pueden meditar en Dios como Madre.

CANCIÓN:

La oración del Señor

Padre nuestro, que estás en los cielos,
Santificado sea tu nombre
Venga a nosotros tu reino
Hágase tu voluntad, así en la tierra
Como en el cielo.

Danos hoy nuestro pan de cada día
Y perdona nuestras ofensas
Así como nosotros perdonamos
A los que nos ofenden.
No nos dejes caer en tentación
Y líbranos de todo mal
Porque tuyo es el reino
Tuyo el poder y la gloria por siempre.
Amén.

Melodía: "La oración del Señor", por Albert Hay Malotte

Meditación para la Concepción

Ave María

Ser de santidad
Flor de inmortalidad
Reverenciada tu llama de consagración
¡Oh, María! sagrado es tu nombre
tu alma una sinfonía santa y pura
      para el Cristo en cada hombre.
¡Oh, Padre!, bendícela por su fe en ti
extiende su sagrado manto de Luz
Inspira el grandioso, magnífico concepto
la imagen encantadora, tan gentil, suave,
nacida de la Divinidad

Santa Madona
pura de alma y mente
nos inclinamos ante la Luz que trajiste a la Tierra
El Cristo que entra en cada corazón para elevar
Todos al amor, la meta de la automaestría-
      el sendero de gran valor.
Querida María, invocamos tus benditos rayos
de poder curativo que fluye desde tu corazón
¡Oh, Rafael! consagra nuestro camino
y ayúdanos a impartir gracia cósmica
¡Luz, enséñanos todo lo que tú eres!

Meditación para la Concepción

Bendita Reina del Cielo
¡Grande tú eres!
Instruye y bendice a nuestros jóvenes y niños
envuélvelos con tu Presencia ahora
restituye el recuerdo de tus santos votos
desde los planos internos.

¡Oh Madre del Mundo, somos tu llama!
Nuestro santo diseño Divino clamamos
¡Regocijaos, regocijaos, oh, poderes celestiales!
pues la Tierra os busca, la estrella Divina nuestra meta
Victoria en el nombre de Dios.
Melodía: "Ave María", op. 52, no. 6, por Franz Schubert.

Meditación para la Concepción

La anunciación

Al sexto mes el ángel Gabriel fue enviado por Dios a una ciudad de Galilea, llamada Nazaret, a una virgen desposada con un varón que se llamaba José, de la casa de David; y el nombre de la virgen era María.

Y entrando el ángel en donde ella estaba, dijo: ¡Salve, muy favorecida! El Señor es contigo; bendita tú entre las mujeres.

Mas ella, cuando le vio, se turbó por sus palabras, y pensaba qué salutación sería ésta.

Entonces el ángel le dijo: María, no temas, porque has hallado gracia delante de Dios.

Y ahora, concebirás en tu vientre, y darás a luz un hijo, y llamarás su nombre JESÚS.

Éste será grande, y será llamado Hijo del Altísimo; y el Señor Dios le dará el trono de David su padre;

Y reinará sobre la casa de Jacob para siempre, y su reino no tendrá fin.

Entonces María dijo al ángel: ¿Cómo será esto? pues no conozco varón.

Respondiendo el ángel, le dijo: El Espíritu Santo vendrá sobre ti, y el poder del Altísimo te cubrirá con su sombra; por lo cual también el Santo Ser que nacerá, será llamado Hijo de Dios.

Y he aquí tu parienta Elizabet, ella también ha concebido hijo en su vejez; y éste es el sexto mes para ella, la que llamaban estéril; porque nada hay imposible para Dios.

Entonces María dijo: He aquí la sierva del Señor; hágase conmigo conforme a tu palabra. Y el ángel se fue de su presencia.

Lucas 1:26-38

La anunciación

Meditación para la Concepción

El Magníficat

Entonces María dijo: Engrandece mi alma al Señor y mi espíritu se regocija en Dios mi Salvador.

Porque ha mirado la bajeza de su sierva;

Pues he aquí, desde ahora me dirán bienaventurada todas las generaciones,

Porque me ha hecho grandes cosas el Poderoso; Santo es su nombre,

Y su misericordia es de generación en generación A los que le temen.

Hizo proezas con su brazo;

Esparció a los soberbios en el pensamiento de sus corazones.

Quitó de los tronos a los poderosos,

y exaltó a los humildes.

A los hambrientos colmó de bienes,

y a los ricos envió vacíos.

Socorrió a Israel su siervo, acordándose de la misericordia.

De la cual habló a nuestros padres, para con Abraham y su descendencia para siempre.

Lucas 1:46-55

Meditación para la Concepción

YO SOY pura(o)*

Por deseo de Dios desde las alturas,
Aceptado ahora al acercarme,
Como nieve cayendo con brillo de fuego estelar,
Tu bendita pureza me concede
Su don de amor.

YO SOY pura(o), pura(o), pura(o)
Por la palabra de Dios.
YO SOY pura(o), pura(o), pura(o),
Oh espada ígnea.
YO SOY pura(o), pura(o), pura(o),
La verdad es adorada.

Desciende y hazme íntegro(a),
Bendita Eucaristía, llena mi alma.
YO SOY tu Ley, YO SOY tu luz,
¡Oh, moldéame con tu forma tan brillante!
¡Amado YO SOY! ¡Amado YO SOY!
¡Amado YO SOY!

---

* Cuando afirmas pureza e integridad, te conviertes en un cáliz
para el descenso del Espíritu Santo, que está presente en el momento de la concepción.

Meditación para la Concepción

YO SOY Tu cáliz

YO SOY la verdadera vida de la llama,
Un foco del nombre de Dios YO SOY,
   ciclo que desciende del Sol,
Mi radiante fuente, tú, Hermoso Ser!
YO SOY tu cáliz siempre libre
mi meta deseada es ser como tú
un rayo del amor expansivo de la Luz,
Un foco de la Paloma Consoladora de Dios.

Tu rayo ahora anclado en mi forma
mi divinidad adorna
tu llama, un fuego sagrado que se alza
   a cada instante me eleva siempre más alto.

Hasta que al fin, más puro aún,
eterno foco de tu voluntad,
YO SOY tu cáliz cristalino y puro,
un ancla de tu amor seguro.

Una fuente de salud para la Tierra,
YO SOY prueba real del renacer de la vida,
que por el poder de tu nombre
asciende hoy a reclamar tu amor.

YO SOY tu fulgor cristalino
por siempre fluyendo a través de mí
tu felicidad viviente siempre expandiéndose
¡YO SOY el que contigo gobierna a toda vida!

Meditación para la Concepción

¡Consumado está!*

Tu creación perfecta está dentro de mí.

Inmortalmente bella,

La felicidad del Ser no puede ser negada.

Como en ti mismo, habita en la morada de la Realidad.

Para nunca más salir a lo profano,

tan sólo conoce las maravillas de pureza y victoria.

---

* Puedes también decidir memorizar este decreto y darlo cada día durante el embarazo para la protección de tu hijo.

CAPÍTULO CINCO

El milagro de la vida desde la concepción hasta el nacimiento

El paso de la nada hasta el complejo cuerpo del individuo completamente formado, es uno de los milagros constantes de la vida.
Si no nos asombramos por la grandeza de este milagro, puede ser sólo por una razón: que en la experiencia de nuestra vida diaria sucede con tanta frecuencia antes nuestros ojos.

—Julián S. Huxley

Antes de concebir mis gemelos soñé que tenía tres bebés. En el sueño tenía gemelos varones, que aparecían como bebés gateando, y yo cargaba a otro bebé en los brazos. En el sueño no sabía de qué sexo era el bebé. Sin embargo, acabé teniendo tres hijos: gemelos varones y luego una niña.

En la época en que mi marido y yo nos estábamos preparando para concebir a mi hija María, me sucedió algo interesante. Era un día después de mi periodo por lo que no pensé que podía quedar embarazada. A la mañana siguiente mi esposo preguntó: "¿Estás embarazada?"

Le contesté: "Bueno, no cariño, no puedo estar embarazada."

Él repuso, "no sé. Soñé que una niñita me enviaba un telegrama que decía 'Hola papi' ".

Ese mismo día mis hijos estaban tomando un baño y pude ver una serie de brillantes luces de color en el baño, de modo que saqué una foto con mi cámara. Y en una de las fotografías salieron estas luces que semejaban una esfera como arco iris. Se parecía a una pintura que había visto que representaba al Ser Superior. Por eso siempre pensamos que era la presencia del alma de mi hija.

De cualquier manera, descubrí que en realidad estaba embarazada. Así que pensé que era algo lindo que ella nos hiciera saber que estaba por llegar.

〜

La concepción es extraordinaria

El drama más hermoso de la vida se lleva a cabo en el mundo secreto del vientre materno. La semilla del hombre y la mujer se unen, y desde ese momento empieza la historia de una nueva vida. Piensen en todo lo que tiene que suceder para que un espermatozoide y un óvulo, o huevo, se encuentren. Es extraordinario que nosotros estemos aquí.

Los ovarios femeninos contienen aproximadamente un millón o más de óvulos inmaduros al momento de nacer. Cada mes madura un solo óvulo y es liberado desde la superficie del ovario aproximadamente dos semanas antes de la menstruación. Entonces el óvulo entra a la trompa de Falopio. Si la fertilización no tiene lugar en el transcurso de veinticuatro horas, el óvulo se desintegra y es desechado junto con la membrana mucosa uterina en la menstruación.

Al igual que los óvulos, los espermatozoides tienen un lapso breve de vida, de uno a dos días después de salir de los testículos. La breve vida tanto de los espermatozoides como de los óvulos limita el periodo fértil. Por lo tanto, el momento de la concepción es preciso, como algunos padres intuitivamente lo han descubierto.

❦

Por lo general mi esposo llegaba tarde a casa del trabajo. Pero el día de San Valentín llegó inesperadamente a casa a las cinco p.m. De modo que empecé a preparar la comida para ambos.

Cuando me encontraba cocinando pescado, una poderosa presencia me dijo por medio de mi voz interna: "deja ahí ese pescado, ¡y ve a concebir un hijo!"

Me sorprendí mucho porque habíamos permanecido célibes durante ocho meses. Pero dejé el pescado y fui a decirle a mi marido lo que había sucedido.

Él dijo, "¿ahora?" con una sonrisa.

Contesté, "sí"

Esa tarde concebimos un hijo.

❦

Cuando mi primer bebé tenía aproximadamente un año y medio, tuve la fuerte sensación de que otro bebé estaba esperando venir. Una noche, mi esposo llegó a casa después de un ajetreado día. Estaba acostado y yo me estaba cepillando los dientes. Sentí que me tocaban en un codo y luego a alguien que estaba parado junto a mí. Impresas en mi mente estaban las palabras "ésta es la noche".

Entré a la recámara y le dije a mi esposo lo que había pasado y que teníamos que hacer algo al respecto. Esa noche concebimos a nuestra segunda hija.

❦

Los espermatozoides son diminutos; miden menos de medio milímetro de longitud. Para que la concepción tenga lugar deben nadar de quince a veinte centímetros (o sea, de 300 a 350 veces su tamaño) y atravesar el moco cervical. Durante la mayor parte del ciclo menstrual, este moco es espeso y pegajoso, haciendo muy difícil que el espermatozoide lo atraviese .

Sin embargo, cuando ocurre la ovulación el moco es más claro y más líquido y el espermatozoide pasa con facilidad a través del cuello del útero. Los espermatozoides que logran pasar, buscan al óvulo con determinación. El primer espermatozoide que llega hasta el óvulo es atraído y penetra. Entonces la membrana celular del óvulo cambia rápidamente y todos los demás espermatozoides quedan fuera.

El núcleo del espermatozoide y el núcleo del óvulo se unen y el óvulo es fertilizado. El material genético de ambos padres se combina. En el transcurso de un día, se forman dos nuevos núcleos y la célula fertilizada se divide: la vida del bebé empieza.

Las experiencias más notables que he tenido con mis embarazos sucedieron cuando sentía que en efecto la concepción de mis hijos tenía lugar. En ambos casos esto no ocurrió durante el acto sexual sino cerca de dieciséis horas después.

Me encontraba cocinando una mañana cuando de pronto tuve la más maravillosa sensación de alegría. Me sentía tan inexplicablemente boyante y feliz que llamé a mi esposo para decirle que no sabía qué había sucedido pero yo me sentía muy feliz.

Habíamos estado tratando de concebir por más de un año y yo tenía un historial de problemas reproductivos que hacían poco probable el embarazo. No relacioné esta experiencia con la concepción hasta dos semanas después cuando descubrí que en efecto estaba embarazada. ¡Nunca olvidaré ese día y el sentimiento de júbilo!

Con mi segundo embarazo, me encontraba sentada almorzando con mi primera hija, que entonces era una bebé que gateaba. Era ya el segundo mes en que habíamos estado tratando de concebir otra vez . Durante el fin de semana yo había ovulado y estaba esperando señales de embarazo.

Esta vez sentí una lluvia de luz tan tangible que me sorprendió. Al instante supe que acababa de concebir de nuevo, de modo que miré el reloj para ver qué hora era exactamente. En el lapso de un par de semanas el embarazo quedó confirmado

৵

Era un día radiante y soleado. Me dirigía a una fiesta de regalos para el bebé de una buena amiga y le había comprado algunos muy lindos. También tenía un artículo muy especial que había usado con algunos de mis hijos y lo estaba envolviendo.

De pronto me detuve y lo observé. El sol brillaba a través de la ventana y caía directo sobre él. También sentí un rayo de luz espiritual que descendía. En ese momento supe inmediatamente que acababa de concebir otro hijo; y así fue.

Dios concede libertad a toda célula viva

Dirigida por el arquetipo interno de la creación, la célula fertilizada rápidamente se divide y desciende por la trompa de Falopio y entra en el útero. Para cuando las células llegan al útero, ya se han convertido en un pequeño embrión humano.* Entonces el embrión se adhiere a la suave capa interna del útero en busca de abrigo y nutrición.

A partir de ese momento el embrión influye significativamente en el embarazo. Ayuda a desarrollar el sistema de su propio sustento vital, la placenta, la cual produce muchas hormonas que sostienen el embarazo. Además, regula el volumen de su líquido amniótico bebiéndolo. El feto determina también su posición en el vientre, el momento en que empieza el trabajo de parto y el momento del nacimiento. Éstas no son proezas pequeñas.

Para mí, el feto no es nada menos que un dios: Dios en manifestación con toda Su gloria. Y en qué forma tan gloriosa refleja el feto la individualización de Dios en el hombre. Con cuánta reverencia nos dota Dios desde la concepción con una conciencia de misión, con responsabilidad individual, con la necesidad de ser seres con autodeterminación, con la necesidad de luchar por la vida y realizar todas las funciones vitales en el vientre.

¿Por qué se aseguró Dios, como Creador, de que el feto tuviera todas estas funciones? Dios pudo igualmen-

---

* Hasta el final de la octava semana después de la concepción al bebé en desarrollo en el vientre se le llama *embrión*. Desde las nueve semanas después de la concepción hasta el nacimiento, al bebé nonato se le llama *feto*.

te haber creado varios sistemas en el cuerpo de la madre que efectuaran todas estas funciones para el bebé.

Creo que es porque Dios nos dota con libertad desde el momento de la concepción. Hay libertad inherente incluso en el hecho de que entre los millones de espermatozoides liberados sólo el más capaz y el más decidido fertilizará al óvulo. Cada parte de la vida -hasta una sola célula- está dotada de libertad. Y cuando comprendemos esto y pensamos también en la precisión implícita en la formación del cuerpo del bebé, nos quedamos maravillados ante la vida.

Maria Montessori, quien se capacitó como doctora en medicina antes de realizar su pionera labor en la educación, tenía un profundo entendimiento y respeto por el niño que está en el vientre y por su creador. Ella dijo:

Los padres, en especial la madre, están vívidamente conscientes de que han desempeñado una parte insignificante en el proceso de la concepción y el nacimiento, comparada con la que desempeña la naturaleza... No es la madre la que se encarga del crecimiento del niño en su vientre; esto se lleva a cabo gracias al poder del mismo Ser que lo creó en ella. Ni es la madre la que se encarga del nacimiento del bebé; este maravilloso acto es realizado por la naturaleza y es sólo secundado por la madre.

Es precisamente debido a que Dios ha establecido el proceso completo de la concepción, el desarrollo y el nacimiento de esta manera, que los padres sienten un profundo respeto natural en la presencia de este niño que ha llegado a ellos de este modo misterioso. Este respeto aumenta cuando ellos son conscientes de otra verdad: que la parte principal del hombre, su alma, no viene en absoluto del hombre, sino que es creada directamente por Dios.[1]

El rápido desarrollo del bebé y su repertorio de movimientos*

Aproximadamente tres semanas después de la concepción, el corazón del bebé empieza a latir. Tan temprano como en la cuarta semana, las partes principales en que se divide el cerebro se están formando. Para la séptima semana, la cara tiene ojos, orejas, nariz, lengua y labios. Durante la octava semana, los brazos y las piernas manifiestan sus primeros pequeños movimientos, y todos los órganos internos se han comenzado a desarrollar.

Durante el tercer mes el bebé empieza a ser muy activo. Sus músculos maduran, dándole un repertorio completo de movimientos. Puede estirar sus extremidades, patear con sus pies, doblar los dedos de los pies, voltear la cabeza, torcer los ojos, mover los dedos, chuparse el dedo pulgar y abrir y cerrar la boca.

Cuando el feto tiene cerca de cuatro meses, la madre puede comenzar a sentir los movimientos del bebé. Estos movimientos ahora son más espontáneos, coordinados y complejos.

---

* Para una descripción completa del desarrollo fetal, ver el apéndice A.

Durante el quinto mes, el bebé aumenta mucho de peso y crece hasta la mitad de lo que medirá al nacer. De la vigésima semana hasta el nacimiento, todos los órganos seguirán creciendo y perfeccionándose.

Al final del sexto mes, pesando casi un kilo, el bebé nonato esencialmente es ya el mismo que el bebé al nacer. Incluso duerme y despierta en ciclos similares a los del recién nacido y tiene su posición favorita para dormir. A menudo los hábitos de sueño de la madre se transfieren al bebé. Está despierto cuando ella está despierta y dormido cuando ella duerme; sin embargo, eso no siempre es así.

∽

Cuando estaba embarazada, mi bebé empezaba a jugar mucho y se volvía más activo cuando me iba a acostar. De manera que a menudo tenía que decirle que se estuviera quieta para que yo pudiera dormir. Cuando eso no funcionaba, mi esposo hablaba con ella. ¡Siempre lo obedecía!

∽

Durante las primeras etapas del embarazo el feto tiene libertad para moverse como le plazca. Se encuentra en una situación muy parecida a la de un astronauta en el espacio. Puede darse maromas completas y realizar otros movimientos complejos que desarrollan los músculos y las vías nerviosas al cerebro. Al final del embarazo, el feto incluso cambia de posición para estar más cómodo. Cuando el bebé se da vuelta, se estira y cambia de posición, la madre puede observar un pequeño bulto en su abdomen, ¡que a menudo es un codo o un pie!

↜

Hacia el final de mi embarazo, mi bebé tenía un pie sobre uno de mis órganos, lo cual me causaba mucho dolor. Esto duró varios días.

Finalmente mi esposo habló con ella en un tono de tierna autoridad. Le dijo: "Necesitas moverte. Le estás causando dolor a tu mamá y tienes que cambiar de posición".

Respondió de inmediato. El alivio fue tremendo. Este es un ejemplo de su amable y bondadosa alma.

↜

El alma desciende por el canal espiritual del nacimiento

La señorial presencia del alma para la cual se está preparando un cuerpo dentro del vientre, es algo maravilloso de contemplar. Desde el momento de la concepción, el alma del niño es una participante activa en la formación del cuerpo en el que ella va a vivir para cumplir su misión en la vida.

Durante todos los nueve meses de gestación el alma puede entrar y salir de su cuerpo en el vientre hacia planos más elevados de existencia en el mundo celestial. Cada vez que el alma entra en su cuerpo ancla más de la sustancia de ella como alma en ese cuerpo. A medida que la gestación progresa, el espíritu o la esencia del alma se vuelve parte de la sangre y las células; parte del cerebro, del corazón y de todos los órganos.

En el momento del nacimiento (momento que va integrado a la misión del alma), el alma desciende por el canal espiritual del nacimiento, que es como un largo embudo. Puedes imaginar este canal espiritual del nacimiento como una espiral que desciende desde Dios. Desciende justo hasta el lugar donde el cuerpo físico del bebé está preparado.

↜

Estaba presenciando en el nacimiento del hijo de mi amiga Alicia. Justo antes de que la partera anunciara que el bebé estaba coronando, tuve una visión de lo que espiritualmente estaba sucediendo en ese nacimiento.

Alicia yacía sobre un altar de mármol y alrededor del altar estaban doce seres espirituales. Parecían ángeles o santos. Un rayo de luz bajó desde arriba y pasó a través de Alicia. Entonces vi al bebé que bajaba flotando por el rayo hasta el vientre de ella.

Escuché una voz interna que decía: "Esto está sucediendo mientras el bebé está bajando por el canal del parto." Después de esto, el bebé coronó y nació sin dificultad.

↜

Mi difunto esposo Mark Prophet me dijo que él recordaba su nacimiento, que fue en la Nochebuena de 1918. Recordaba haber llegado al pequeño pueblo donde su madre se encontraba en trabajo de parto y haber visto a su padre cruzando el puente para llegar a casa para estar con ella. También recordaba haber descendido en un torbellino de luz y haber entrado realmente en su cuerpo físico.

En el momento del nacimiento el alma está completamente integrada con el cuerpo, y en ese momento cae una cortina de olvido sobre el cuerpo de la memoria del alma. El alma, entonces, ya no tiene el recuerdo completo de su preexistencia en el mundo celestial o en vidas pasadas.

El alumbramiento es un rito de transición

Cuando había llegado casi al término del embarazo, estaba dormida y escuché una voz que decía: "mamá, es hora de que te vayas." Todavía no se me había roto la fuente pero desperté a mi esposo, le dije lo que había sucedido y nos preparamos para salir.

Acabábamos de llegar al lugar donde iba a dar a luz, cuando sentí que la cabeza del bebé estaba coronando. Poco después nació.

Creo que mi hijo me despertó para que no diera yo a luz en el auto.

༒

La experiencia del alumbramiento es una iniciación tanto para el bebé como para los padres. Es un rito de transición para el alma del niño que entra a la existencia física. Y es un rito de transición para los padres. La mujer asume el papel de madre y el hombre asume el papel de padre.

El alumbramiento también es una iniciación que requiere que la madre ceda, que se entregue a una fuerza de la naturaleza fuera de su control consciente. El papel o la implicación del padre en el proceso de alumbramiento es distinto en cada pareja. La naturaleza misma de esta iniciación requiere que ambos padres profundicen en ellos mismos a fin de descubrir recursos ocultos de fortaleza y propósito. En este proceso se elevan a nuevas alturas de madurez.

Si bien el alumbramiento tiene significados espirituales, no deja de ser una experiencia física. Más aún, es una experiencia única para cada mujer. Una mujer aporta al alumbramiento todo lo que ella es: espiritual, mental, emocional y físicamente.

De manera que cuando la madre entra en labor de parto, puede meditar en su corazón y confiar en la sabiduría de su cuerpo para el parto. Mientras se mantiene en un estado de gracia de la escucha por medio de técnicas de relajación y meditación en su respiración, la meta es permitirse a sí misma abrirse a la fuerza que está actuando a través de ella. Y responderá con naturalidad al ritmo de su cuerpo de una manera que es única para ella.

Independientemente de si el bebé nace de manera natural o con intervención médica, algo maravilloso tiene lugar a través de los dolores de parto. La mujer experimenta el dominio del ser, de cumplir a plenitud la función de la vida; y sí, una cierta cantidad de incomodidades, inconveniencias y dolor. Pero cuando lo entendemos, sufrir el dolor puede ser positivo. Nos impulsa hacia una conciencia más elevada de Dios y nos permite equilibrar karma en el proceso.

Cuando un niño está naciendo, la mujer, en la tensión creativa y en la concentración de la energía en sus contracciones, sobrelleva la intervención y el esfuerzo supremo de fuerzas cósmicas que pasan a través de ella. ¡Experimenta también el glorioso alivio cuando esa tensión termina y en sus brazos está un niño vivo!

〜

Durante las semanas previas a dar a luz, veía una y otra vez fotografías explícitas de un bebé al nacer. Trabajé en procesar mis sentimientos respecto al alumbramiento (por ejemplo, mi falta de confianza en la capacidad de mi cuerpo para abrirse y dar paso al bebé), y respecto a mi bebé para ese proceso del nacimiento. Un día concluí este trabajo y el último vestigio de temor o aprehensión me abandonó, y en realidad confié en que mi cuerpo podía ocuparse del alumbramiento.

Un par de días antes de que el bebé llegara vi la película Belleza Negra, *la cual mostraba el nacimiento de un potro. Pensé en la forma en que los animales dan a luz y parecen abandonarse al proceso. Parecen no temerle. Eso me ayudó a confiar en lo que iba a suceder.*

Durante el trabajo de parto, la fuerza y el impulso con los que mi cuerpo estaba respondiendo eran maravillosos. Permanecí en la actitud de confiar, observar y no obstaculizar el proceso.

Mi mente estaba completamente serena y, como en todos mis alumbramientos, mi Ser Superior de vez en cuando imprimía en mi mente alguna sugerencia útil. Cada vez que un rastro de temor entraba a mi mente, en lugar de una gran apertura observaba "dolor" en el cuello uterino. ¡Venía a mi mente la imagen de un árbol -su fuerza y flexibilidad— doblándose con el viento!

Me asombró la capacidad de mi cuerpo para abrirse. Mantuve en mi mente la visualización del cuello del útero abriéndose y recordaba que debía abrirme. En ese momento estaba sola y podía mantener la concentración.

Cuando el bebé llegó, sentí que había experimentado poco dolor o ninguno, sólo los extraordinarios esfuerzos de mi cuerpo dirigidos por algo más grande que yo. Sentí una enorme alegría por haber sido parte de este proceso.

❧

Tuve un parto muy difícil con mi hijo Alejandro. La primera parte del trabajo de parto transcurrió sin problemas. Cuando la dilatación era casi completa, vi tres querubines sobre mi cama y un círculo de siete magníficos ángeles blancos alrededor de la cama. Uno de ellos estaba parado junto a la puerta.

Le pregunté a este ángel, "¿quién eres?"

El ángel respondió: "Un centinela. Estoy protegiendo la llegada de Alejandro".

Sentí como si estuviera yaciendo sobre un "altar del nacimiento" con los querubines junto a mí. Los otros ángeles permanecieron de pie a mi alrededor. El bebé iba descendiendo por un cordón cristalino que estaba sobre mí. Luego vi a tres santos que *sostenían una conversación a los pies de mi cama. Me comunicaron que la parte sencilla del parto había terminado y que ahora se iba a volver difícil.*

Las siguientes cuatro horas en realidad fueron muy difíciles tanto para mí como para mi hijo. La dificultad de esta experiencia fue sin lugar a dudas un paquete de karma que nosotros habíamos elegido equilibrar juntos. Pero en todo ese tiempo inesperadamente me sentí en paz y totalmente serena.

Protección para tu bebé

No se puede enfatizar demasiado la importancia de las oraciones y las meditaciones para la protección de tu bebé desde la concepción hasta el nacimiento. Los papás son especialmente buenos para sostener esta vigilia de protección.

Todos los días puedes establecer un campo de protección para ti mismo, para tu cónyuge y para tu bebé haciendo la meditación para la protección que se encuentra al final de este capítulo. Y puedes pedirle a Dios que envíe a sus ángeles para que los protejan. Miles de personas han experimentado milagros que creen que fueron posibles gracias a su relación con ángeles.

Un ángel al que debes conocer por su nombre es el Arcángel Miguel. Es el ángel más importante y más venerado en las tradiciones judía, cristiana e islámica. Él y sus legiones de ángeles que dirige nos protegen contra peligros físicos y espirituales: contra todo, desde accidentes, robos y violaciones hasta los horrores del terrorismo y la guerra. Personalmente, el Arcángel Miguel me ha salvado la vida una docena de veces que yo sepa, y probablemente en miles de ocasiones de las que no soy consciente. Estoy segura de que lo mismo es cierto para ustedes.

En las siguientes páginas encontrarás decretos para la protección que puedes dar para pedir al Arcángel Miguel que actúe en la vida de ustedes.[2] Tienen el propósito de ser pronunciados en voz alta, incluso a gritos en situaciones de grave peligro. Tu llamado puede ser tan sencillo como: "¡Arcángel Miguel, ayúdame! ¡Ayúdame! ¡Ayúdame!"

❧

Recuerdo que con mi hijo tuve un parto casi sin dolor. La única cosa incómoda fue una sensación de ardor al final.

Durante el parto le recé en voz alta al arcángel Miguel. Todo el personal del hospital se preguntaba qué estaba yo haciendo y diciendo. Algunos se sorprendieron de lo fácil e indoloro que fue el parto. Una enfermera dijo: "sea lo que sea lo que está haciendo, ¡está funcionando!"

Todo el proceso fue increíble y rápido, lo cual atribuyo a mis oraciones al arcángel Miguel y al gran deseo de mi hijo de estar aquí. Permanecí también en excelente condición física. (Di clases de aerobics justo antes de quedar embarazada.) A pesar de que mi hijo se adelantó tres semanas, fue un bebé sano, tranquilo, y pesó cuatro kilos.

❧

Meditación para la Protección

VISUALIZACIÓN:

Mientras das el siguiente decreto, ve cómo la luz de Dios desciende hasta dentro de tu corazón y de tu cuerpo, mente y alma. Observa cómo se intensifica esta luz en tu corazón como un sol deslumbrante, como una esfera de luz blanca. Luego observa cómo se expande desde tu corazón hasta crear una gran esfera de luz, un escudo de protección, que se extiende alrededor de tu cuerpo en todas direcciones.

DECRETO:

Oh poderosa Presencia de Dios, YO SOY,
    dentro y detrás del Sol:
Acojo tu luz,
    que inunda toda la tierra,
    en mi vida, en mi mente,
    en mi espíritu, en mi alma.
¡Irradia y destella tu Luz!
¡Rompe las cadenas de oscuridad y superstición!
¡Cárgame con la gran claridad
    de tu radiación de fuego blanco!
¡YO SOY tu hija(o), y cada día me convertiré
    más en tu manifestación!

Meditación para la Protección

VISUALIZACIÓN:

Ve al Arcángel Miguel como un ángel hermoso, poderoso y majestuoso ataviado con una resplandeciente armadura y con capa y aura de brillante azul zafiro. Míralo de pie delante de ti, detrás de ti, a tu derecha, a tu izquierda, arriba, abajo y en el centro de tu cuerpo. Siempre está acompañado por un número ilimitado de ángeles que te protegerán y escoltarán adonde quiera que vayas. Míralo esgrimiendo una espada de llama azul para protegerlos a ti y a tu bebé nonato contra todos los peligros físicos y espirituales.

DECRETO:

¡San Miguel delante,
San Miguel detrás,
San Miguel a la derecha,
San Miguel a la izquierda,
San Miguel arriba,
San Miguel abajo,
San Miguel, San Miguel, dondequiera que voy!
¡YO SOY su amor protegiendo aquí!
¡YO SOY su amor protegiendo aquí!
¡YO SOY su amor protegiendo aquí!

ARCÁNGEL MIGUEL

DECRETO:

¡Protégenos, protégenos, protégenos
Por el relámpago de tu amor!
¡Protégenos, protégenos, protégenos
Por tu Gran Ser en las alturas!
¡Protégenos, protégenos, protégenos
Por tu poder secreto de luz!
¡Protégenos, protégenos, protégenos
Por tu gran y glorioso poder!
¡Y séllanos a salvo por siempre
En tu corazón diamantino de luz!

CAPÍTULO SEIS

Tú puedes ayudar a cambiar el karma de tu hijo

*Si reconocemos el llamado de la naturaleza
como el llamado de Dios mismo que nos
convoca a ayudar al niño, entonces siempre
estaremos preparados para actuar de acuerdo
con las necesidades del niño. Entonces
veremos cómo, de esta forma, nos estamos
poniendo al servicio de los planes de Dios y
colaborando con la obra de Dios en el niño.*

—MARÍA MONTESSORI

Como futuros padres, ustedes tienen una oportunidad única para ayudar al alma de su hijo antes del nacimiento e incluso antes de la concepción. Pueden comunicarse con el Ser Superior de su bebé nonato mientras dan decretos de llama violeta para transmutar, o borrar, porciones del karma negativo de él.

Como se dijo en el capítulo uno, el alma carga consigo registros de karma de una vida a otra. Éstos incluyen patrones de pensamiento y sentimiento tanto positivos como negativos. En ocasiones, los patrones negativos pueden impedir que un alma haga las elecciones correctas sólo porque conserva el hábito de pensar o sentir de determinada manera. Estos hábitos pueden impedir que elija cumplir su misión en la vida. Por lo tanto, el trabajo espiritual de los padres para ayudar a transmutar los patrones kármicos negativos del hijo por nacer es un profundo servicio de amor.

Borra recuerdos dolorosos de las vidas pasadas de tu hijo

El alma de tu hijo recibirá el mayor beneficio si das decretos de llama violeta por ella antes del nacimiento. Sin embargo, tus decretos pueden ser efectivos en cualquier momento de su desarrollo; —incluso meses antes de la concepción o años después del nacimiento. Nunca es demasiado temprano o demasiado tarde para invocar la llama violeta en favor de tu hijo, pues la llama violeta puede borrar registros y recuerdos kármicos retroactivamente a lo largo de todas las vidas pasadas.

Después de que hayas estado dando la llama violeta por algún tiempo, es posible que te encuentres recordando indicios de las vidas pasadas de tu hijo. Tal vez tengas un sueño o una intuición sobre tu hijo como era él en épocas muy remotas, o quizá sólo tengas la imagen de que estaba en un determinado tiempo o lugar.

⌐

Poco después de que nació mi segundo hijo, mi esposa y yo descubrimos que no era muy afecto a los baños. Sabíamos que muchos bebés lloran durante el baño, pero la reacción de nuestro hijo al bañarse era exagerada. Aun cuando teníamos mucho cuidado de sostenerlo con seguridad en su pequeña bañera, él luchaba, gritaba, pateaba y golpeaba. Evidentemente el agua le aterraba. De modo que durante varios meses tuvimos que recurrir a los baños de esponja.

Como sabíamos que nuestro bebé no había tenido experiencias traumáticas con el agua en su corta vida que pudieran ocasionar esa reacción, comprendimos que debía estar experimentando algún tipo de recuerdo de una vida pasada. Después comprendimos que tal vez no era coincidencia que sus dos nombres se refirieran al mar, y luego mi esposa soñó que él se ahogaba.

Incluso desde recién nacido, este niño tuvo una personalidad fuerte y dominante. Por lo tanto, debi-

do a todos estos factores, podíamos con facilidad, casi con buen humor, imaginarlo en una vida anterior como capitán de barco. Y quizá por desgracia el barco se hundió y él se ahogó. Pero sin importar cuál haya sido su trauma anterior con el agua, estamos agradecidos por haber contado con la llama violeta para ayudarlo a superar estos recuerdos.

Creo que nuestra conciencia de esta experiencia y nuestra creencia en la reencarnación también nos permitió ser más sensibles a su miedo al agua conforme crecía. Fue muy cauto y lento para aprender a nadar, pero nunca lo presionamos. Ahora, a los diez años de edad, se ve feliz y seguro en una alberca. Al parecer, los malos recuerdos se han ido.

‿

Para la mayoría de los niños, los recuerdos de vidas pasadas están todavía débilmente presentes hasta los tres años más o menos. No necesariamente entienden lo que están viendo o recordando. A menudo no lo expresan con palabras, ni siquiera a sus padres. Piensan que sus visiones y recuerdos de vidas pasadas son parte de la vida, -que todos recordamos quiénes somos y de dónde venimos. Los recuerdos de vidas pasadas que tienen los niños a veces son interesantes y alegres, pero otras veces son dolorosos.

‿

Esta no es una historia fácil de contar. Mi tercer hijo casi se muere de inanición cuando era un bebé que gateaba. Todo el tiempo tenía hambre *pero no dejaba de escupir lo que comía y era incapaz de asimilar sus alimentos. Recibió ajustes quiroprácticos y un cuidado consistente de parte de su padre, y un buen día empezó a hacer progresos.*

Actualmente tiene cuatro años, pero casi siempre tiene hambre. Constantemente está hablando de comida. Hace poco le pregunté por qué se preocupa por tener suficiente comida.

"Me morí de inanición", me contestó. Y luego empezó a llorar. "No quiero que mi cabeza crezca demasiado". —dijo.

"En una ocasión anterior mi cabeza creció demasiado y mi cuerpo era demasiado pequeño, de modo que la cabeza se me iba de lado. Yo era un bebé y no tenía suficiente comida y no tenía mamá". Colgó la cabeza sobre el pecho para mostrármelo.

Usualmente es un niño muy alegre y siempre se ha sentido atraído por la música y los libros y pinturas tibetanos. Cuando era bebé sacaba los libros tibetanos y se los enseñaba a un amigo nuestro. No tenía idea de que nuestro amigo estaba relacionado con el Tíbet. Estoy segura de que hace poco nuestro hijo estuvo encarnado en el Tíbet y probablemente, en efecto, murió de hambre ahí.

∽

Si los recuerdos son dolorosos —y a menudo lo son porque el alma está implorando una solución— es posible que tú o tu hijo sientan tristeza o remordimiento. No obstante, también te sentirás liberado cuando des decretos de llama violeta porque sabes que estás limpiando los registros del karma. Y si tu hijo tiene la edad suficiente para dar decretos, es preferible que den juntos estos decretos de llama violeta.

De manera que si estás consciente de estos recuerdos, no trates de suprimirlos. En lugar de eso, centra tu atención en la luz de tu corazón. Imagina la experiencia siendo saturada con la llama violeta hasta que la imagen desaparece de delante de tu ojo interno. Después deja ir el recuerdo y contempla un brillante sol blanco que reemplaza a la imagen en el ojo de tu mente.

Los registros y recuerdos de vidas pasadas son como archivos en la computadora del subconsciente. Necesitas borrarlos para abrir espacio para una programación positiva. Cuando lo haces por medio de la llama violeta, estás liberando al alma de tu hijo para que avance hacia niveles más elevados de existencia.

Llama violeta para la curación

La llama violeta también puede transmutar la causa de debilidades o condiciones no saludables en el cuerpo del bebé, las cuales pueden ser resultado de un karma negativo. Y puede ayudar milagrosamente en la curación de problemas en los órganos en desarrollo del bebé durante la gestación.

〜

Durante el embarazo me hicieron un ultrasonido que reveló que mi bebé tenía un riñón extra grande, lo cual era indicativo de un corazón débil o deformado. Cuando me enteré, aumenté mis decretos de llama violeta para que ella se curara. Durante cinco meses seguimos su progreso en los ultrasonidos y no hubo cambio en la condición de su riñón.

Mi fecha probable de parto llegó y se fue. Así que un día entré sola a nuestro santuario y empecé a rezarle rosarios a la Virgen María. Terminé la sesión de oración con decretos de llama violeta.

Al día siguiente muy temprano empezó el trabajo de parto, pero antes de ir al hospital recé el Ave María. Cuando llegué al hospital el parto fue rápido, duró sólo dos horas. Cuando el pediatra revisó a mi bebé, ya no tenía un riñón agrandado y su corazón estaba bien.

¡Gran milagro! Creo que la Virgen María y la llama violeta curaron a mi preciosa hija.

⤙

Durante mi tercer embarazo había mucha conmoción emocional en mi familia. Estábamos ayudando a cuidar a dos niños adoptivos que tenían problemas psicológicos. Sentí que no tenía tiempo suficiente para comunicarme con mi bebé como lo había hecho en los embarazos anteriores. Parecía que el embarazo transcurría sin que yo le dedicara mucho tiempo.

Sin embargo, en medio de todo esto, sí daba muchos decretos de llama violeta. Mi hija nació con una personalidad y una constitución física muy fuertes.

Hasta el día de hoy sigue siendo muy saludable y tiene una personalidad inquisitiva y honesta y un fuerte sentido de la justicia. Este embarazo fue una lección de confianza para mí, ¡y creo que la llama *violeta realmente ayudó!*

৲

Invocar la llama violeta es el ejercicio espiritual más importante que puedes hacer por tu hijo antes de que nazca, y también después del nacimiento. Y cuando das decretos de llama violeta para tu hijo, haz tus oraciones específicas. Al final de este capítulo encontrarás ejemplos de oraciones específicas que puedes decir por tu hijo antes de la concepción y durante el embarazo. Estas oraciones pueden ayudar a promover el desarrollo más elevado de los cuatro "cuerpos" de tu bebé.

Purifica el cuerpo etérico de tu hijo

¿Sabías que tu bebé en realidad tendrá cuatro cuerpos y no sólo uno? Los cuatro cuerpos son: el cuerpo etérico (la memoria), el cuerpo mental (la mente), el cuerpo emocional (los sentimientos y deseos) y el cuerpo físico.

Una oración muy importante que debe hacerse, idealmente tres o más meses antes de la concepción, es para que el alma asignada a tu familia reciba los beneficios de tus decretos de llama violeta para la purificación de su cuerpo etérico. No se puede enfatizar demasiado la importancia de esta oración específica. Todo lo que tu hijo será proviene de su cuerpo etérico.

El cuerpo etérico, también llamado la envoltura del alma, viaja con el alma de una a otra vida. Los otros tres cuerpos se desintegran al final de cada vida y se vuelven a formar durante la gestación y en los años formativos.

El cuerpo etérico tiene dos partes: el cuerpo etérico

superior contiene el arquetipo de nuestra identidad en Dios. El cuerpo etérico inferior contiene los registros de nuestras vidas pasadas. Del cuerpo etérico inferior procederá la manifestación de patrones kármicos en los cuerpos mental, emocional y físico. Por eso a menudo nuestra mente, nuestras emociones y nuestros cuerpos físicos no reflejan el diseño divino original de la identidad de nuestra alma en Dios; reflejan nuestro karma.

Ya que la mayoría de nosotros hemos tenido muchas vidas pasadas, nuestros cuerpos etéricos a menudo son muy densos por los registros del karma que hemos creado. De manera que nuestro cuerpo mental, por ejemplo, en general está moldeado de acuerdo con el cuerpo mental de la vida anterior y de la anterior a ésa y así sucesivamente. Invocar la llama violeta para tu hijo antes de la concepción puede ayudar a borrar patrones kármicos en su cuerpo etérico que limitarían su capacidad para expresar su potencial innato en la vida.

Es triste pero cierto que todos estamos limitados por nuestros cuatro cuerpos y por el karma que se manifiesta en ellos. Mientras no maduremos, brindemos servicio a la vida, usemos la llama violeta y nos purifiquemos, nos veremos enormemente impedidos por nuestros cuerpos y por los patrones de hábitos de vidas pasadas. El uso regular de la llama violeta puede liberarnos de ciertos malos usos de la memoria, la mente, las emociones y el cuerpo físico. Tú puedes hacer esto en favor de tu hijo.

Imagina la perfección del alma de tu hijo en su estado más puro cuando el primer cuerpo mental de ella y su primer cuerpo emocional y su primer cuerpo físico fueron creados de acuerdo con el diseño original. Esta es una visualización muy poderosa.

～

Cuando tenía cuatro semanas de embarazo estaba muy enferma. Prácticamente no había nada que pudiera comer sin que me diera un fuerte dolor de estómago y a veces diarrea o también dolor de cabeza. Ya había faltado diez días al trabajo, estaba perdiendo peso y estaba durmiendo casi veinte horas al día. En esos momentos, honestamente temía que yo o mi bebé no sobreviviéramos.

El día de Navidad me desperté justo antes del alba con una repentina y firme convicción. Sentí que se me había concedido una revelación divina: ¡Necesitaba hacer mil horas de llama violeta! A cambio pedí mi propia curación y la transmutación de cualquier cosa que pudiese interferir con el arquetipo perfecto de los cuatro cuerpos de mi hijo. También le ofrecí a Dios que podía Él hacer uso de mis decretos para la salvación de almas o para problemas en el mundo si ésta era la necesidad más apremiante.

*Decidí completar la vigilia en el transcurso de los siguientes tres años. En ese caso, el promedio sería poco menos de una hora de llama violeta al día. Sin embargo, dispuse mi corazón y mi mente para cumplir mi promesa lo más pronto **posible**. Mi meta durante el embarazo eran tres horas al día. Para lograrlo, tuve que renunciar a ir al cine, socializar, escuchar música* e incluso leer libros, con contadas excepciones. Cuando estaba demasiado enferma para ir a trabajar, sencillamente ofrecía decretos todo el día mientras permanecía en cama.

El embarazo siguió siendo bastante difícil durante unos meses, pero finalmente regresé al trabajo. Mi hija nació en agosto. Desde el principio, fue una niña con paz, belleza y alegría extraordinarias. Tiene una mente muy ágil y una disposición muy dulce. También tiene una salud excepcionalmente buena. Mi esposo y yo estamos agradecidos más allá de lo que las palabras pueden expresar por la gran felicidad y la inmensa alegría que ella ha traído a nuestro hogar.

El resultado de esta vigilia de llama violeta también ha sido una transformación maravillosa para mí. Los bloqueos en mi psicología y en mi relación con mis padres, hermanas y hermano se disolvieron milagrosamente. Mi relación con mi esposo se volvió mucho más amorosa y armoniosa.

Nuestra situación económica también mejoró dramáticamente. Recibimos varios regalos generosos de nuestras familias y amigos. Y de algún modo pudimos pagar todos los gastos relacionados con el embarazo y el parto.

Completé las mil horas de decretos de llama violeta por mi primer hijo antes de que naciera el segundo. Aun cuando mi condición física todavía no había cambiado, todo lo demás había mejorado tanto que decidí ofrecer la misma cantidad de decretos de llama violeta por mi siguiente hijo.

De manera que quedé embarazada de nuevo, y en parte gracias a la segunda vigilia de llama violeta, seis meses después del nacimiento de mi hijo descubrí cuál era mi problema físico. Tenía una enfermedad hereditaria que provoca una reacción severa hacia ciertos alimentos. Este diagnóstico fue milagroso. Significó para mí cambiar de una situación de constante dolor a algo que ahora es controlable mediante mi dieta. He sido tan bendecida por toda esta experiencia que estoy decidida, por la gracia de Dios, ¡a ofrecer mil horas de llama violeta por todos y cada uno de los hijos que Dios envíe a nuestra familia!

〜

Haz oraciones específicas para cada trimestre

Puedes decir oraciones específicas con tus decretos de llama violeta pidiéndole a Dios que ayude al alma de tu hijo a transmutar sus debilidades y su karma negativo, un trimestre tras otro (ver las oraciones al final de este capítulo). Mediante estas devociones puedes ayudar a prevenir que el karma negativo de tu hijo lo afecte.

El diagrama que presentamos en la página siguiente muestra el desarrollo de los cuatro cuerpos de tu hijo en relación con los trimestres del embarazo. Muestra en qué etapa comenzando con la concepción, el niño atraerá a su mente, a sus emociones y a su cuerpo físico, las fortalezas y debilidades de vidas pasadas. Las fortalezas y debilidades en los cuerpos mental, emocional y físico de los padres también pueden transmitirse al niño en estas etapas.

El primer trimestre (de la concepción a los tres meses) representa el principal desarrollo de la mente y la voluntad del niño. Las capacidades mentales, tendencias y fuerza de voluntad de los padres (y especialmente de la madre) afectan enormemente este periodo de desarrollo del niño.

Tercer trimestre Cuerpo físico	Pre-concepción Cuerpo etérico
Segundo trimestre Cuerpo emocional	Primer trimestre Cuerpo mental

El segundo trimestre (de los tres a los seis meses) representa el principal desarrollo del cuerpo emocional. Las tendencias estables e inestables pueden comenzar en este periodo y son profundamente influenciadas por las emociones de la madre y por su entorno, incluyendo el tipo de música que ella escucha, la gente con la que interactúa y las películas y otras cosas que observa.

El tercer trimestre (de los seis meses hasta el alumbramiento) representa el crecimiento y desarrollo principales del cuerpo físico. Durante todo el embarazo, pero en especial en el tercer trimestre, la nutrición de la madre es de suma importancia. El cerebro y el cuerpo del bebé se están desarrollando rápidamente durante este lapso.

✿

Con mi tercer hijo aprendí a ir a un lugar interno de mi corazón para comunicarme con el alma del bebé. A menudo le hacía muchas preguntas al bebé acerca de lo que él o ella necesitaba. Durante estos momentos, veía a mi bebé como un sencillo monje vestido con un hábito café, sentado bajo un árbol meditando. Con frecuencia nos sentábamos a meditar juntos.

Lo que era muy interesante es la forma en que me comunicaba qué tipo de oraciones quería que yo dijera durante el embarazo. ¡Había un patrón definido que se correlacionaba con los trimestres! Durante mi primer trimestre quería muchos decretos para la protección. En el segundo trimestre pidió oraciones para la sabiduría y la iluminación. Y durante el tercer trimestre, el énfasis fue sobre el amor.

✿

Oraciones y Decretos de Llama Violeta

Los siguientes son ejemplos de oraciones que puedes decir con decretos de llama violeta para ti misma y para tu hijo antes de la concepción y durante el embarazo. Sé creativa con tus oraciones y hazlas específicas para tu propia situación.

> En el nombre de Dios YO SOY EL QUE YO SOY
> y de acuerdo con la voluntad de Dios, yo pido:

* La purificación del cuerpo etérico de mi hijo para que sus cuerpos mental, emocional y físico se formen de acuerdo con el diseño divino original del alma.

* La transmutación del karma negativo de mi hijo, de cualquier karma negativo que yo pueda tener con este hijo y del karma negativo que este niño tiene con cualquier miembro de mi familia.

* La transmutación de todo lo que pudiera oponerse al cumplimiento de la misión y el potencial más elevado de mi hijo.

Oraciones y Decretos de Llama Violeta

En el nombre de Dios YO SOY EL QUE YO SOY
y de acuerdo con la voluntad de Dios, yo pido:

* La protección de la formación perfecta de todas las estructuras orgánicas que se están desarrollando en mi bebé en este tiempo.

* La transmutación de cualquier karma negativo que impediría el desarrollo perfecto de la mente y la voluntad de mi bebé.

* La transferencia de la mente de Dios y de la voluntad de Dios a mi bebé.

* La transmutación de cualesquier debilidades hereditarias en mis capacidades mentales o en mi fuerza de voluntad que pudieran afectar adversamente a mi bebé.

En el nombre de Dios YO SOY EL QUE YO SOY
y de acuerdo con la voluntad de Dios, yo pido:

* La protección del desarrollo del cerebro y el sistema esquelético de mi bebé y el crecimiento continuo y rápido de todos los órganos y rasgos corporales perfectos.

* La transmutación de cualquier karma negativo que impediría el desarrollo perfecto y la paz del cuerpo emocional de mi bebé.

* La transferencia de la paz y armonía de Dios a los sentimientos de mi bebé.

* La transmutación de cualesquier debilidades hereditarias en mis sentimientos y deseos que pudieran afectar adversamente a mi bebé.

Oraciones y Decretos de Llama Violeta

En el nombre de Dios YO SOY EL QUE YO SOY
y de acuerdo con la voluntad de Dios, llamo para:

* La protección del desarrollo de mi bebé, especialmente el perfeccionamiento de ojos, oídos, nariz, corazón, pulmones, cerebro, piel y aparato digestivo.

* La transmutación de cualquier karma negativo que impediría el desarrollo perfecto y la belleza del cuerpo físico de mi bebé.

* La transferencia de la perfección y la curación de Dios al cuerpo físico de mi bebé.

* La transmutación de cualesquier debilidades o condiciones físicas indeseables hereditarias que pudieran afectar a mi bebé incluyendo _____

* La protección del nacimiento de mi hijo (incluyendo la partera o los médicos, enfermeras y técnicos del hospital).

Oraciones y Decretos de Llama Violeta

VISUALIZACIÓN:

Visualiza a ti y a tu hijo rodeados de llamas violeta que se elevan y palpitan alrededor de ti mientras decretas. Observa cómo estas llamas pasan a través de tu cuerpo restaurando la integridad. Míralas saturando tu mente y tus emociones, aliviando todas tus cargas. Después ve estas llamas saturando el alma de tu hijo y sus cuerpos etérico, mental, emocional y físico.

PREÁMBULO:

En el nombre de Dios YO SOY EL QUE YO SOY
y de acuerdo con la voluntad de Dios, yo decreto:

DECRETO:

YO SOY la llama violeta
　　En acción en mí ahora
YO SOY la llama violeta
　　Sólo ante la luz me inclino
YO SOY la llama violeta
　　En poderosa fuerza cósmica
YO SOY la luz de Dios
　　Resplandeciendo a toda hora
YO SOY la llama violeta
　　Brillando como un sol
YO SOY el poder sagrado de Dios
　　Liberando a cada uno

Oraciones y Decretos de Llama Violeta

¡Radiante espiral de la llama violeta,
    Desciende y destella a través de mí!
¡Radiante espiral de la llama violeta,
    Libera, libera, libera!

¡Radiante llama violeta, oh ven,
    Expande y destella tu luz en mí!
¡Radiante llama violeta, oh ven,
    Revela el poder de Dios para todos!
¡Radiante llama violeta, oh ven,
    Despierta la tierra y libérala!

¡Resplandor de la llama violeta, ven,
    Expande y destella a través de mí!
¡Resplandor de la llama violeta, ven,
    Que todos te vean, expándete!
¡Resplandor de la llama violeta, ven,
    Establece tú, misericordia aquí!
¡Resplandor de la llama violeta, ven
    Transmuta ahora todo temor!

Oraciones y Decretos de Llama Violeta

¡Llama violeta del corazón de Dios, (3x*)
Ten misericordia de mí, Señor! (3x)
¡Llama violeta del corazón de Dios, (3x)
Transmuta todo error con el rayo del perdón! (3x)

¡Llama violeta del corazón de Dios, (3x)
Permanece en todos en radiante acción! (3x)
¡Llama violeta del corazón de Dios, (3x)
Por siempre gobierna tu compasión! (3x)
¡Llama violeta del corazón de Dios, (3x)
Inunda la tierra que el Cristo lo ordena! (3x)
¡Llama violeta del corazón de Dios, (3x)
Exijo ahora tu poder que libera! (3x)

Toma potestad,
Yo me someto a tu luz;
YO SOY tu luz radiante,
Llama violeta brillante.
Gracias por tu rayo,
Que hoy me has enviado,
¡Lléname hasta que
Sólo existas tú!

---

* "3x" significa decir cada línea tres veces.

Oraciones y Decretos de Llama Violeta

Aliento de Dios dentro de cada célula
YO SOY la llama violeta
Palpitando con ritmo cósmico
YO SOY la llama violeta
Energetizando mente y corazón
YO SOY la llama violeta
Sosteniendo ahora la creación de Dios
YO SOY la llama violeta

Con todo el amor
Con todo el amor
Con todo el amor

Brillando en una cueva cristalina
YO SOY la llama violeta
Descubriendo todo oculto dolor
YO SOY la llama violeta
Consumiendo la causa y el núcleo del temor
YO SOY la llama violeta
Revelando ahora el nombre interno
YO SOY la llama violeta

(el decreto continúa)

(continuación del decreto)

Con toda la paz
Con toda la paz
Con toda la paz

Resplandeciendo cual relámpago
YO SOY la llama violeta
Extendiéndose por las galaxias
YO SOY la llama violeta
Conectando ahora el alma y el espíritu
YO SOY la llama violeta
Elevándoos a alturas cósmicas
YO SOY la llama violeta

Con todo el poder
Con todo el poder
Con todo el poder

CAPÍTULO SIETE

Herencia
Espiritual

*La Voluntad, el sentimiento, el deseo y el
esfuerzo activo de parte de la mujer
embarazada, pueden revertir por completo la
herencia y las tendencias naturales,
por no hablar de futuras posibilidades.*

—R. SWINBURNE CLYMER

Así como los patrones kármicos de vidas pasadas del niño afectan la formación de sus cuatro cuerpos, así influyen también en los rasgos que hereda. Los rasgos hereditarios representan cualidades y potencialidades. La forma en que se manifiestan está regida por las interacciones de conciencia, ambiente, karma y el patrón innato.

Los rasgos hereditarios son transmitidos por ambos padres, aunque no necesariamente aparecen en los padres. Pero no heredamos estos rasgos exclusivamente de nuestros padres; la inteligencia y los talentos excepcionales son señales de muchas vidas de concentrarnos en una habilidad particular y en dominarla. Esta es la razón por la que a menudo vemos niños con cualidades que aparentemente no provienen de sus padres. Los niños traen consigo su propia herencia y se vuelven a moldear a sí mismos de acuerdo con su propia imagen divina.

Tú puedes cambiar la herencia de tu hijo

Los rasgos hereditarios se transmiten por medio de los genes. Los genes están contenidos en estructuras similares a un hilo llamadas cromosomas, que se encuentran en el núcleo de las células. En el hombre hay veintitrés pares de cromosomas, o cuarenta y seis en total.

Un cromosoma normal, sin dividir, contiene una sola molécula de ADN (ácido desoxirribonucleico) conocida como la hélice doble. Esta molécula tiene una estructura simple: dos espirales entrelazadas en las cuales los genes están dispuestos en orden lineal. Las espirales están conectadas por travesaños a intervalos regulares, creando lo que parece una escalera en espiral.

Sabemos que el ADN puede ser dañado por agentes ambientales tales como químicos, radiación y virus.[1] Si tu ADN puede ser dañado por estos agentes, ¿no puede ser también sanado y transformado por la tremenda fuerza de luz de tu Ser Superior?

Consideremos por un momento los factores que generación tras generación dirigen la calidad de vida dentro de los genes. Los genes producen la diferenciación de nuestra naturaleza física e incluso conservan algún remanente de nuestros rasgos de carácter de vidas pasadas.

Veamos la sustancia que Dios ha colocado en el espermatozoide y en el óvulo, cada uno de los cuales contribuye con veintitrés cromosomas para el embrión. Los cuarenta y seis cromosomas contienen la información que determina nuestros atributos físicos, es decir, todo desde el color de nuestros ojos y la textura de nuestro cabello hasta nuestra estatura, constitución corporal, mentalidad, destreza, procesos de pensamiento y actitudes.

Si tanto tú como tu cónyuge trabajan en la purificación de sus genes y cromosomas varios meses antes de la concepción, pueden transferir cualidades más deseables a su hijo. Dando decretos de llama violeta, puedes transmutar rasgos hereditarios indeseables.

Esta transmutación de los genes y cromosomas por la llama violeta, es la única ingeniería genética legítima que existe. Esto se debe a que la llama violeta es la acción del Espíritu Santo y sólo funciona de acuerdo con las leyes de Dios. En la transmutación de la molécula del ADN por la llama violeta es donde la verdadera ciencia y los misterios de Dios convergen. Es la ciencia espiritual de la ingeniería genética.

Imprime virtudes en la molécula de ADN

Una meditación que puedes hacer para purificar tus genes es tomar un diagrama de la molécula de ADN y escribir sobre él las virtudes y los rasgos que deseas ver expresados en ti y en tu hijo. (Ver el diagrama al final de este capítulo.) Tener una imagen visual de esta molécula te da el poder para influir en ella. Mientras meditas en la molécula del ADN y dices tus decretos de llama violeta, visualiza la llama violeta purificando e infundiendo en esa molécula las cualidades virtuosas.

Las tres virtudes más importantes que quieres imprimir sobre la molécula de ADN son amor, sabiduría y poder. Éstas son las tres virtudes primarias de la llama de Dios en tu corazón.

La vibración de color que se asocia con el amor es rosa. La sabiduría es amarilla y el poder azul. Después de que hayas hecho tu meditación en la molécula de ADN con decretos de llama violeta, puedes visualizar las vibraciones de color de estas tres virtudes infundiendo esa molécula.

❧

Durante mis dos embarazos hice un libro de meditación para el bebé con mis esperanzas para ese niño. En una foto de la cadena del ADN escribí las cualidades que quería para ellos. Puse capas de color encima de las fotos. Por ejemplo, usé una capa violeta para las fotos de la cadena de ADN y del desarrollo fetal. Y usé una capa amarilla para fotos del cerebro.

❧

No hay límite para lo que tu mente puede imprimir sobre la molécula del ADN, los genes y los cromosomas si empiezas a pensar y meditar en Dios e imaginas lo que el hombre o la mujer ideal están destinados a ser. El embarazo es una época maravillosa para leer historias sobre personas de gran temple y valor y para centrar tus pensamientos en el desarrollo de rasgos de carácter fuertes en tu hijo.

Y también es un tiempo para mirarte a ti misma y observar qué cualidades positivas estás manifestando. Éstas son las cualidades que sin duda tendrás la más grande capacidad para transmitirlas a tu hijo. Después observa tus debilidades. Observa los rasgos que no quisieras que nadie más tuviera, los que estás tratando de superar. Invoca la llama violeta para que atraviese la molécula de ADN para la transmutación de esos rasgos y reza para que no sean transferidos a tu hijo.

También puedes rezar para que el amor de Dios se centre en tu corazón para magnetizar virtud desde tu Ser Superior. Pídele a Dios que elimine de tus mentes subconsciente e inconsciente todos los errores para que no se transmitan a tus hijos ni a los hijos de tus hijos.

Los genes pueden reflejar el genio de la mente

Por medio de nuestros pensamientos constantemente estamos creando de nuevo las moléculas de la mente, ¡y esta recreación se refleja en nuestros genes! Los genes mismos transportan el moméntum de conciencia.

Es por eso que si la concepción se lleva a cabo en el amor y la adoración de Dios, esas cualidades se transmitirán al niño. Comprendemos, por lo tanto, que los patrones del alma y de los cuerpos mental, emocional y físico no están grabados en piedra. Los genes son los cálices más sensibles de todo tu mundo, y afectan a tu pensamiento tal como tu pensamiento los afecta a ellos.

De manera que el sello de tu identidad avanza en todo momento. Y tú puedes efectivamente aumentar tu capacidad para tener hijos con talentos excepcionales y una misión extraordinaria mediante tu automaestría en un solo punto de la conciencia. Esta automaestría es reforzada por tu determinación de no desistir hasta lograr el fin deseado.

Esto te dice algo sobre el poder del pensamiento y el sentimiento y sobre el poder de la luz en tus chakras. Te habla sobre el poder de Dios en ti. Te habla sobre el genio de la mente que tiene su correlación en los genes del cuerpo. Y te habla sobre el poder negativo de los pensamientos ociosos y los sentimientos sutiles que pueden despojarte del moméntum de tu misión en la vida. Todo depende de lo que tu mente imprime en los genes en cualquier momento dado.

Cómo transmitir cualidades espirituales

Lo que generalmente no se sabe acerca de la herencia es que al igual que una réplica en miniatura del hombre físico está contenida en sus genes, también su arquetipo espiritual, la fórmula de su relación con Dios, está impresa en la contraparte etérica de su código genético. Conforme una vida sigue a otra, las gracias y los dones espirituales que el alma gana, aun cuando pueden permanecer latentes por un tiempo, no se pueden perder a menos de que el alma renuncie a ellos por su libre albedrío.

En los escritos del apóstol Pablo leemos sobre la transmisión de cualidades espirituales hereditarias , ya sea a través de los genes y cromosomas o por otros medios: "La fe no fingida que hay en ti habitó primero en tu abuela Loida y en tu madre Eunice".[2]

Los hijos de padres con tendencias espirituales pueden ser fortalecidos al exteriorizar sus patrones celestiales. Esto se logra mediante la transmisión de rasgos espirituales y la transferencia de la luz de los chakras de uno o de ambos padres hacia el niño. Ésta es otra razón por la que el ejercicio para la purificación de los chakras al final del capítulo tres es tan importante.

La luz pura que los padres llevan en sus chakras y alrededor de su cuerpo, nutre el alma del niño desde la concepción y a lo largo de su vida. Proporciona el ambiente y las condiciones óptimas para que el niño realice todo su potencial. No obstante, para retener las cualidades y virtudes más elevadas, el niño debe interiorizar por sí mismo estas virtudes.

Como padres, ustedes pueden ser los instrumentos del Espíritu Santo en todo lo que hacen. Sus hijos, al igual que los proyectos y esfuerzos de ustedes, pueden recibir a través de ustedes una medida de luz celestial. Por lo tanto, no escatimen el potencial de cada uno de ustedes como progenitor de Dios. Incluso conforme se crean de nuevo diariamente ustedes mismos según el diseño perfecto, ¡pueden transmitir estas virtudes a sus hijos!

Con mi segundo hijo medité en una hermosa pintura del Buda Dorado que había descubierto en un viaje reciente a Malasia. Intuitivamente sentí que ésta era la esencia del niño. Me sentí impulsada a mirar y estudiar todo tipo de libros de arte, en especial aquellos de artistas rusos. Cuando nuestra hija nació, tenía la cara muy redonda y sus ojos eran ligeramente orientales. Alrededor de ella había una presencia de mucha tranquilidad, ¡justo como el Buda Dorado!

La ley kármica es precisa

Sin embargo, recuerda, no puedes hacerlo todo por tu hijo. Él puede recibir cierta *medida* de la luz de Dios a través de ti conforme desees transmitirle cualidades espirituales y ayudar a transmutar su karma negativo. Pero simplemente no es posible transmutarlo *todo*. Ni es siempre posible borrar o corregir rasgos hereditarios indeseables. Hay ciertas condiciones del karma que deben ser resueltas por el alma de modos físicos. Y estas condiciones son parte de la misión de esa alma en la vida.

¿Alguna vez te has preguntado por qué un bebé nace con un cuerpo hermoso y sano y otro es débil o deforme? ¿Qué ha hecho en su corta vida un bebé con problemas físicos para merecer el cuerpo que se le ha dado?

Por supuesto, ese bebé no ha hecho nada en su vida para merecer sus problemas físicos. Puede estar equilibrando karma que hizo en una vida anterior. No obstante, es posible que no sea en absoluto debido al karma. A veces, antes del nacimiento, el alma se ofrece como voluntaria para nacer con problemas de cromosomas u otras deformidades o enfermedades del cuerpo a fin de cumplir un propósito específico para Dios.

La ley del karma y de la reencarnación nos permite entender mejor y aceptar estas aparentes injusticias de la vida. Y nos puede consolar el saber que la ley del karma es precisa. A medida que hacemos nuestras oraciones y meditaciones por el alma de nuestros hijos, podemos aprender a mantener en nuestro corazón y en nuestra mente el concepto de la forma perfecta y la imagen divina de cada alma. Y nos podemos preparar espiritualmente nosotros mismos para aceptar los hijos que se nos concedan, sin importar sus imperfecciones físicas, mentales o emocionales. Y así seremos capaces de proporcionarle a cada hijo que recibimos la mayor oportunidad de la vida para que cumpla su misión proveniente de Dios, sin importar cuál sea esta misión.

❧

Cuando llevaba ocho meses de embarazo con mi segundo hijo me hicieron un ultrasonido. Recuerdo haber aguardado con mi esposo en la sala de exploración del especialista para escuchar los resultados. El doctor abrió la puerta y dijo en tono amistoso: "Tienen una niña." Y luego vi que su rostro se ponía más serio.

"Su hija tiene una hernia diafragmática. Eso significa que tiene un agujero en el diafragma y sus órganos están siendo empujados hacia su cavidad torácica. Encontramos su riñón izquierdo, el estómago y su corazón debajo de la costilla izquierda. Su corazón fue empujado hacia arriba y a la izquierda y dio un giro de 90 grados. Tiene un orificio en el corazón entre las dos cámaras inferiores. El pulmón izquierdo no se ha desarrollado y sus intestinos no han rotado adecuadamente.

"Todas estas cosas se pueden corregir siempre y cuando no tenga un problema en sus cromosomas. Sin embargo, en virtud de su reducido tamaño, sospecho que lo tiene. De ser así, morirá pocos minutos después de nacer. Eso es, si sobrevive a la ten-

sión del trabajo de parto. Si no tiene problema de cromosomas, necesitará una serie de operaciones casi inmediatamente después de nacer".

Yo estaba conmocionada. Sin estar realmente consciente de nada después de eso, le permití al doctor hacer una amniocentesis para confirmar si la bebé tenía problema de cromosomas. Se nos dijo que tendríamos la respuesta en el transcurso de dos semanas.

Diez días después nos enteramos de que nuestra bebé tenía trisomía 18, un problema cromosómico que el doctor había dicho que era siempre fatal. Conforme los días transcurrían llegué a comprender el pronóstico. Entonces entendí que lo único que yo quería era poder estrechar a mi bebé entre mis brazos mientras estaba aún con vida.

Le platiqué los problemas de nuestra bebé a cerca de diez amigas; y sé que rezaron por ella. Una mamá hizo una novena de oraciones diarias. Y unas cuantas personas me dijeron que rezaban un rosario por ella todos los días. Yo sabía que ella estaba en manos de Dios.

Pocas semanas después entré en trabajo de parto. El día anterior a su nacimiento decidimos que se llamaría Ana Catarina. Debido a su pequeño tamaño, Catarina nació muy rápido. Y para nuestra sorpresa, ¡estaba viva!

Cuando la cargué quedé extasiada: Una preciosa alma en un cuerpecito defectuoso, tratando con todas sus fuerzas de tener su oportunidad en la vida. Después de unas cuantas horas, comprendimos que ella iba a estar con nosotros por un tiempo.

Al día siguiente, se tomó una placa de rayos X para analizar los órganos de Catarina. Fue cuando por primera vez éramos conscientes del milagro viviente que ella era. ¡Su hernia diafragmática había desaparecido! El riñón izquierdo estaba ligeramente más arriba de lo normal. El pulmón izquierdo se había desarrollado (y comenzó a funcionar una semana después). Su corazón estaba en su lugar normal, aunque todavía tenía múltiples defectos por lo cual ella recibía oxígeno. Los intestinos seguían todavía girados pero funcionaban bien.

Catarina vivió sólo diez semanas. Aun cuando su vida fue breve, su calidad fue excepcional. Conmovió y cambió la vida de muchas personas. Creo que ella vino a enseñarnos fundamentalmente sobre el amor, la determinación y el valor. Me ayudó a aprender a confiar más en Dios, a amar más generosamente y a ser más compasiva.

Profundizó y enriqueció mi vida. Me siento en verdad bendecida por haberla conocido y cuidado.

La noche que Catarina murió, la amiga de seis años de mi primera hija tuvo un sueño vívido. Ella estaba con Catarina sobre una nube que ascendía hasta las puertas del cielo. El cabello de Catarina ya no era castaño sino dorado y rizado. Catarina miró a la niñita y le dijo: "Te conozco. Tú eres Heather."

Heather vio a Catarina vestida con un manto verde que tenía un cinto verde, además de que lucía un pequeño halo dorado. Llevaba con ella un diminuto arco dorado con flechas de oro. Cada flecha tenía en la punta un corazoncito rosa. Y ella llevaba consigo un morral de corazoncitos rosa.

En la nube había una señora con ellas. Heather le preguntó quién era y la señora dijo que era María. Heather fue con Catarina hasta las puertas del cielo pero entonces sintió que tenía que regresar a la tierra.

Heather se despidió de Catarina y empezó a salir de la puerta hacia la nube. Sintió que algo suave caía sobre ella y luego se disolvía. Volvió la cabeza y vio a Catarina con su pequeño arco y las flechitas, sonriéndole. Comprendió que Catarina le había disparado amor. Mientras se alejaba de ahí lloró, pues Ana Catarina era como su propia hermana.

Meditación en la Molécula de ADN

Sobre el diagrama de la molécula de ADN que está en la siguiente página, escribe las virtudes y rasgos que deseas ver en ti y en tu hijo. A continuación da decretos de llama violeta y visualiza cómo esta energía espiritual purifica la molécula de ADN.

Después de dar decretos de llama violeta, puedes visualizar las vibraciones de color de la llama de tu corazón infundiendo la molécula de ADN. Las tres cualidades básicas de la llama de tu corazón son amor (rosa), sabiduría (amarillo) y poder (azul).

PREÁMBULO PARA DECRETOS DE LLAMA VIOLETA:

En el nombre de Dios YO SOY EL QUE YO SOY y de acuerdo con la voluntad de Dios, yo decreto para la purificación de mi ADN y del ADN de mi hijo. Pido que sea infundido con las siguientes virtudes y rasgos:

_____

_____

_____

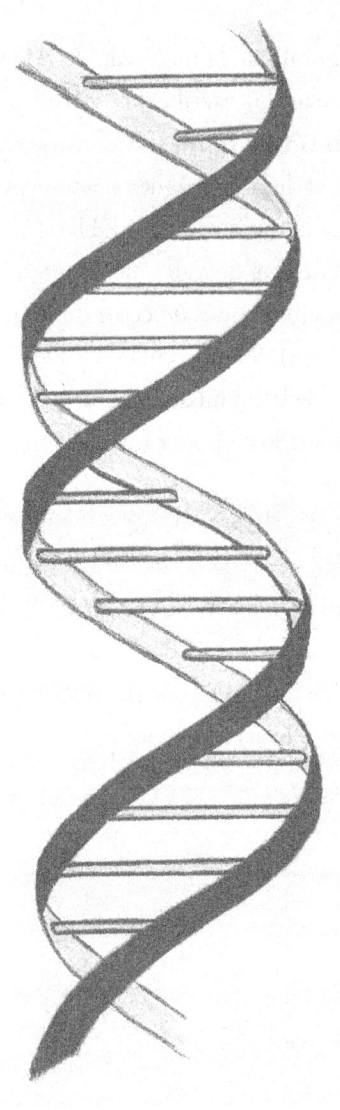

Molécula De ADN

CAPÍTULO OCHO

Meditaciones para transmitir belleza y virtud a tu bebé

Medita en la virtud dentro de ti mismo,
y encontrarás el beneficio de la virtud.
Úsala como sostén para la familia,
y tu virtud durará por generaciones.

—TAO TE CHING

Además de usar la llama violeta para cambiar el karma y los genes de tu hijo, hay otras formas en que puedes aumentar el potencial de tu bebé. Transmitirle a tu hijo en el vientre talentos particulares, rasgos de carácter positivos, habilidades de liderazgo y así sucesivamente (aun cuando tú mismo no tengas estos rasgos), es una ciencia que puedes dominar.

Esta ciencia es uno de los fenómenos más grandes del universo. Se inspira en el amor de los padres a su hijo y en su deseo de darle a ese hijo la mayor oportunidad en la vida.

La meditación es una parte esencial de esta ciencia. Además de las meditaciones previamente mencionadas, hay otras meditaciones muy efectivas que puedes hacer durante el embarazo para ayudar a formar los intrincados patrones de pensamientos y sentimientos, e incluso las células y órganos físicos del cuerpo de tu bebé. Estas meditaciones pueden promover el desarrollo sano e imprimir belleza y perfección en el alma y la conciencia de tu hijo.

El primer tipo de meditación implica concentrarse en la etapa actual del desarrollo de tu bebé nonato mientras dices los decretos y mantras del corazón al final de este capítulo. El segundo tipo utiliza música y arte clásicos así como piedras preciosas y escenas de la naturaleza con el propósito de transmitirle belleza y virtud a tu bebé.

En mi primer embarazo hice el esfuerzo consciente de observar cosas hermosas. Pero con mi segundo embarazo el deseo de meditar en cosas hermosas era tan increíblemente poderoso que supe que provenía del alma de mi bebé. Este hijo quería belleza. Quería que me centrara en la belleza todos los días. Incluso me encontraba a mí misma buscando fotografías hermosas a mitad de la noche.

De manera que a lo largo del embarazo me dediqué a ver fotos de hermosos jardines y cosas así todos los días. Después de que nació nuestro hijo, mi marido empezó a coleccionar fotografías de casas bonitas.

Esta era una fijación tan insólita tanto en mi esposo como en mí, que sólo puedo explicarla como una gran necesidad para esta alma. A pesar de que mi hijo ahora tiene apenas tres meses de edad, estoy esperando con ansia ver si se convertirá en arquitecto o en pintor de paisajes.

⬯

Crea un libro de meditación para el embarazo

Así como el bebé recibe nutrición física a través del cordón umbilical, también recibe luz espiritual de las llamas del corazón del padre y de la madre para sostener su vida. Las llamas del corazón de los padres, primordialmente de la madre, son la luz sustentadora del bebé hasta que nace.

Puedes usar visualizaciones y mantras del corazón para dirigir amor y luz de tu corazón hacia cada célula del cuerpo de tu bebé antes del nacimiento, mientras ese cuerpo se está formando. La luz que invocas mientras dices mantras del corazón pasa por tu corazón y va hasta el corazón del pequeño cuerpo que se está formando. Y va hasta el alma de tu hijo, que también está participando en la creación de su cuerpo. Cuando usas estos mantras del corazón como parte de tu meditación, estás infundiendo el cuerpo de tu bebé con el Espíritu del Dios viviente.

Estas meditaciones son particularmente importantes durante el primer trimestre, cuando tiene lugar gran parte del desarrollo de los órganos del bebé. Por esta razón, es buena idea practicar tales meditaciones en favor de tu hijo incluso antes de que sepas que has concebido.

Una de las formas más emocionantes de participar e influir en el desarrollo de tu bebé es usando un libro de fotografías sobre desarrollo fetal para meditar en el crecimiento de tu bebé semana a semana. Para este propósito puedes comprar un libro ilustrado sobre desarrollo fetal.[1] O puedes comprar libros de ciencia viejos o revistas, cortar las fotografías y elaborar tu propio libro de meditación.

Para hacer tu propio libro de meditación puedes empezar por juntar fotografías del óvulo y el espermatozoide, del óvulo recién fecundado, del embrión y el feto en las diferentes etapas durante los nueve meses de gestación. También son útiles las fotografías del corazón del feto y del cerebro en desarrollo, desde su formación hasta el nacimiento, así como fotografías de otros órganos fetales de moléculas, células y partes de las células.

Cuando hayas juntado y pegado estas fotos en un cuaderno, coloca la mano izquierda sobre tu corazón y la derecha sobre la fotografía del embrión o feto en la etapa actual de gestación de tu bebé. Observas la fotografía, la estudias a través del ojo interno y la memorizas lo mejor que puedas de modo que puedas cerrar los ojos y todavía seguir viéndola. Y mientras estás visualizando al bebé en tu vientre, puedes decir los decretos y mantras del corazón.

Si memorizas estos mantras, puedes poner toda tu atención en la visualización de la luz pasando a través de tu corazón, entrando al corazón de tu bebé y luego envolviendo todo su cuerpo. También puedes colocar tus manos sobre el vientre y usarlas como instrumento de esa luz y energía de amor que entra en el niño. De esa manera través de tus manos pasa la luz desde tu corazón hasta el embrión o feto en cada etapa de desarrollo. Puedes usar el resumen del desarrollo fetal que se encuentra al final del libro (apéndice A) para ayudarte a visualizar la etapa de desarrollo de tu bebé mientras meditas.

Hice un libro de meditación para mis embarazos.
Tenía pinturas de santos, cristales y piedras precio-

sas, bellezas de la naturaleza y geometría perfecta.
Antes de que naciera mi hijo mayor medité en una
réplica de la estatua del David de Miguel Ángel. Mi
hijo tiene ahora una complexión similar.

También llevaba un diario antes de que mis hijos nacieran y todavía lo conservo. Escribo lo que
creo que disfrutarán leyendo algún día: cómo me
sentía cuando estaba embarazada, cómo era cuidarlos, cómo son como individuos y cómo son especiales cada uno para mí. Sobre todo, cuánto los amo.

De la misma manera recé por su protección durante cada etapa de desarrollo. Diariamente visualizaba o miraba fotografías de un bebé sano en cada
etapa de desarrollo y en la posición correcta en las
últimas etapas de gestación. También les mostraba
las fotografías a mis bebés por nacer (sosteniéndolas enfrente de mi abdomen) y les decía: "así es
como se supone que serás."

Mis tres hijos nacieron sanos y en la posición
correcta, gracias a Dios.

❧

Meditaciones en las gemas para cristalizar virtudes

Puedes incluir en tu libro de meditación fotografías
de piedras preciosas y de su estructura molecular. Las
gemas tienen una estructura molecular que les permite
transmitir una determinada carga y vibración de energía que corresponde a cualidades particulares de Dios.

CUADRO DE CUALIDADES DE LAS GEMAS

COLOR	GEMAS	CUALIDADES
Amarillo	Diamante amarillo, zafiro amarillo, topacio	Sabiduría, serenidad, tranquilidad, fidelidad, fortaleza, curación
Verde	Esmeralda, jade, cristal de cuarzo, diamante	Curación, verdad, memoria, introspección, visión clara, honestidad, Comunicación, precipitación
Azul	Diamante, zafiro, zafiro estrella, lapislázuli	Fe, poder, claridad de pensamiento, fuerza, valor, audacia, pureza, protección, entereza
Rosa	Rubí, diamante, cuarzo rosa, granate, berilio rosa	Amor, compasión, valor, audacia, concentración
Morado y oro	Topacio, rubí, alejandrita, diamante con perla	Buen humor, amor, paz, servicio, fraternidad
Violeta	Amatista, aguamarina, diamante	Libertad, armonía, alegría, transmutación, dignidad, perdón, creatividad, amor
Blanco	Perla, diamante, circón, cristal de cuarzo	Disciplina, pureza, paz, protección, alegría, orden, esperanza, concentración

Así, por ejemplo, el cuarzo rosa tiene la vibración del amor, y las esmeraldas la vibración de la curación.

Por medio de la meditación en las gemas entramos en un foco muy concentrado de la energía de Dios. Y la gema se convierte en el transmisor o transformador de esa energía a cada célula del niño pequeño a través de la mente y la atención de la madre.

De manera que puedes meditar en varias piedras preciosas para la cristalización de virtudes específicas que te gustaría que se manifestaran en tu hijo. Este cuadro de las cualidades de las gemas te ayudará a decidir cuáles gemas incluir como focos de virtudes en tu libro de meditación.

En tu libro de meditación también puedes incluir fotografías de flores, escenas de la naturaleza, de ángeles y espíritus de la naturaleza, de arte clásico e ilustraciones de Nuestra Señora y el niño.

~

Mi embarazo fue una época muy ajetreada, y en realidad no tuve mucho tiempo para hacer algunas de las meditaciones que quería hacer. Pero dentro de mi horario de trabajo encontré una que fue útil y práctica.

En nuestra casa teníamos un jardín de rosas. Cada día, mientras conducía hacia el trabajo con mi esposo en nuestra herrumbrosa camioneta de reparto a través de una fea zona de depósitos, llevaba conmigo una hermosa rosa y meditaba en ella. Eso transformaba nuestra ruta diaria y yo podía tener meditaciones muy especiales.

~

Música y arte clásicos

La etapa desde la concepción hasta los siete años es el periodo más creativo de toda la vida del niño. Es durante este periodo que los intrincados patrones del alma y los cuatro cuerpos del niño se establecen. Para ayudar en la formación de estos patrones, no hay nada que pueda sustituir a la meditación en lo mejor de la música y el arte clásicos.

El bebé por nacer es profundamente sensible y puede percibir la belleza, virtud y alegría que la madre ve y siente mientras medita en hermosas obras de arte hechas por maestros como Miguel Ángel, Leonardo da Vinci y Nicolás Roerich. Cuando la madre medita, el bebé aprende también a meditar, llenando su conciencia de luz y belleza.

Transmitir la belleza del arte al nonato estimula al alma del bebé a sintonizarse con sus más elevados orígenes espirituales. Y cuando el bebé escucha y siente música de inspiración divina, su conciencia y los átomos, células y electrones mismos de sus cuatro cuerpos vibrarán y se unirán siguiendo los patrones de esta música.

❧

Gran parte de mi embarazo la pasé con un coro grabando un álbum de cantos devocionales a la Virgen Bendita.[2] ¡Mi hija ahora canta como un pájaro! Incluso canta como cantante profesional; su tono es el correcto y sostiene las vocales por mucho tiempo antes de cantar la consonante final. ¡Y le encantan las canciones del álbum!

❧

Las formas más elevadas de música y arte le dan al alma un doble estímulo para que se sintonice con Dios y para que entre en contacto con el corazón de la belleza en la naturaleza. Cuando el bebé por nacer se ve rodeado de música y arte hermosos desde la concepción, sus sentidos externos se desarrollan paralelamente a los sentidos internos del alma. Estas meditaciones también pueden transferirse a las claves internas de tu bebé para su propia misión en la vida.

↩

Cerca de un mes antes del nacimiento de mi hija, mi esposo encontró una pila de libros sobre las bellas artes y el ballet. Destacaba en particular un libro de los años cuarenta. Tenía hermosas fotografías de bailarinas rusas y yo meditaba en ellas.

Cuando mi hija tenía apenas una semana de nacida, tuve un sueño en el que ella tenía dos o tres años. Me dijo, "soy una bailarina, ya sabes". Actualmente, a los seis años de edad, en realidad es una bailarina. Hace poco compuso y representó una danza budista. Creo que su misión está en las artes creativas.

↩

La meditación en la mejor música clásica influye prácticamente en cada proceso físico y mental. La música es especialmente clave para la armonía del cuerpo emocional; animando, calmando, inspirando o relajando, dependiendo de la pieza específica.

La música es también una expresión de belleza, y la belleza es una medicina universal. La salud y la belleza están íntimamente relacionadas. Y para preservar una, la otra debe ser cultivada. Mientras una madre medita en la hermosa música de los maestros compositores, transmite a su hijo la belleza que percibe. Conforme eleva su conciencia con esta música día tras día, todos sus sentimientos emanarán amor más intenso y más integridad también.

Sabemos que el niño en el vientre aprende a través de experiencias diarias con el medio ambiente y la cultura de la madre. El niño también aprende mediante interacciones con el mundo fuera del vientre a través de las vibraciones de sonido, luz y movimiento.

⤜⤏

Durante mi segundo embarazo enseñaba ballet a niños varias veces por semana. Además de música clásica, ponía música edificante, divertida y alegre como valses y música folklórica de Irlanda para mantener el interés de los niños.

Ahora, ¡a mi hijo de diecisiete meses le encanta bailar! Tiene mucho sentido de la música y el ritmo, cualidades que pude apreciar desde que tenía nueve meses. Puede llevar el ritmo con los pies o tocar el tambor con ritmo. Empieza a bailar incluso cuando comienza la música del noticiero de la tarde.

Justo hoy estaba diciendo "bai" y no dejaba de repetirlo y de insistir en que yo dejara de hacer lo que estaba haciendo. Pensé que estaba diciendo "papi", de modo que nos dirigimos a la otra habitación para mirar por la ventana y comprobar si su papi había

*llegado. Pero mi hijo tenía otra idea. Sostenía la mano
en alto como si me estuviera pidiendo que bailara con
él, y de pronto caí en la cuenta de que lo que estaba
diciendo era "bailar". De modo que lo cargué y sostu-
ve su mano como si estuviésemos bailando, y bailá-
mos vals por toda la habitación.*

⌣

Cómo afecta la música al cuerpo, la mente y el alma

Desde la antigua China hasta Egipto, desde la India
hasta la época de oro de Grecia, encontramos la misma
creencia: la música tiene el poder de contribuir a la
sublime evolución o a la máxima degradación del alma.
Muchos de los grandes filósofos griegos, incluyendo a
Pitágoras, Platón y Aristóteles, consideraron la música
como algo indispensable para la salud del alma y como
algo que influía en la cultura moral.

En *The Secret Power of Music* (El poder secreto de
la música), David Tame afirma que no hay una sola
función del cuerpo que no se vea afectada por los tonos
musicales. Además, es enorme el efecto de la música
sobre nuestras emociones y deseos. Las melodías provo-
can una constante alternación de tensión y relajación
que se presentan en muchas partes del cuerpo.

La investigación ha demostrado que la música afecta a la digestión, las secreciones internas,
la circulación, la nutrición y la respiración. Incluso se ha descubierto que las interconexiones

nerviosas del cerebro son sensibles a los princi-
pios armónicos.

Los investigadores han descubierto que las
cuerdas armoniosas y las desentonadas, los distintos intervalos y otras características de la música
ejercen un profundo efecto sobre el pulso y la respiración del hombre; sobre su frecuencia y su ritmo
ya sea éste constante o con interrupciones y saltón.
La presión arterial disminuye con acordes sosteni-
dos y se eleva con los de quiebros repetidos....

La música afecta al cuerpo de dos formas distintas: directamente, por el efecto del sonido sobre las células y órganos, e indirectamente porque afecta las emociones, las cuales a su vez
influyen en numerosos procesos corporales.[3]

Apenas se está empezando a reconocer el alcance de
la influencia de la música en procesos puramente intelec-
tuales. La investigación reciente se está enfocando en el
impacto del sonido sobre el cerebro. Cierto tipo de música clásica, de compositores como Bach, Mozart y Beethoven, se ha comprobado que tiene una serie de efectos
positivos sobre los procesos mentales. Éstos incluyen una
memoria más amplia y un aprendizaje más rápido. Algunos creen que la música incluso puede aumentar el coefi-
ciente intelectual o cambiar los cromosomas.

¿Qué es lo que hace "buena" o "mala" a la música?

Como lo señala David Tame, los estudios de música que
involucran a plantas son particularmente útiles para de-

mostrar los efectos de ciertos tipos de música sobre organismos vivos, en virtud de que las plantas no tienen preferencias musicales culturalmente inducidas. Varios estudios han demostrado que las plantas florecen cuando son expuestas a la música clásica y se atrofian, se dañan e incluso mueren cuando se les expone al rock ácido.

Los filósofos y músicos de antiguas civilizaciones sostenían que ciertos tipos de música son inherentemente buenos y otros inherentemente malos. En otras palabras, ciertas combinaciones de sonidos realzan la vida, mientras que otros son nocivos para la salud y peligrosos.

Por lo tanto, llegamos a la pregunta, ¿qué es lo que hace "buena" o "mala" a la música?

La respuesta es sencilla: la buena música da vida y la música mala promueve la muerte. Y la vida y la muerte son algo más que los dos lados de la tumba. El efecto puede ser sutil, pero también es acumulativo: Implica la vida o la muerte de células en el cuerpo. Además, cada momento que escuchamos música puede estar aumentando o disminuyendo las facultades espirituales de nuestra alma y la energía vital de nuestros centros espirituales, incremento por incremento.[4]

⌒

Con todos mis hijos escuché mucha música clásica durante el embarazo. Sencillamente no soportaba escuchar música de rock. Me hacía sentir muy tensa.

Ahora mis hijos se inclinan mucho por la música clásica. A los cuatro años mi hija le preguntó a la mamá de una de sus amigas si tenía una cinta de

Mozart para escuchar. Mis dos hijas mayores ya com-
ponen su propia música. Pueden tocar música en el
piano y añadir sus propios acordes para embellecerla.

༄

El tiempo 3/4 del vals es el más cercano al del latido del corazón humano. Por lo tanto, crea una sensación de armonía dentro de nosotros cuando lo escuchamos. Por otro lado, el rock no está sincronizado con
el latido del corazón humano; de hecho, crea un tipo
de electricidad estática que altera el ritmo del corazón.

El compás sincopado de la música rock daña a los
chakras. Cuando escuchas música rock, tu energía desciende desde la coronilla hasta el chakra de la base. Es
posible que la música rock te produzca una emoción pa-
sajera , pero no te brinda las corrientes de la vida eterna.

Por eso es importante que las mujeres embarazadas
sean muy cuidadosas en cuanto a la música que escuchan y que elijan únicamente música que engrandezca
la vida, ya que su elección afecta al niño que llevan
dentro. El periodo que va desde unos cuantos meses
antes de la concepción y durante el embarazo, es un
tiempo estupendo para tomar un curso de música clásica y empezar una colección de estas grabaciones. (Ver
apéndice B, al final de este libro, para tener una lista de
selecciones de música favorita que enaltezca la vida.)

Las nueve sinfonías de Beethoven para los nueve meses de gestación

En el esplendor de sus nueve sinfonías Beethoven ha
trazado pasos mediante los cuales el hombre progresi-

vamente despierta a su destino divino y se eleva majestuosamente por encima de su ser inferior hacia un nivel de automaestría. Cada una de sus nueve sinfonías representa algún aspecto de este gran triunfo.

Puedes escuchar de la primera a la novena sinfonía de Beethoven y usar cada una como el énfasis para el mes correspondiente desde la concepción hasta el nacimiento. Es muy emocionante escuchar cómo se desarrolla la vida a través de estas sinfonías.

La novena sinfonía de Beethoven es una transcripción de lo que él experimentaba en niveles sublimes de conciencia. Los primeros tres movimientos de esta monumental sinfonía describen el pasaje del espíritu que asciende a través de los tres cielos. El movimiento final coral es el tema de la exaltación, que transporta al alma hasta la presencia misma de Dios. La sinfonía como un todo le da expresión a la conciencia suprema de que toda la vida es una e inmortal.

Mientras escuchas las sinfonías de Beethoven, sencillamente imagina al embrión o feto siendo bañado en la vibración de libertad de estas sinfonías. ¡Es una oportunidad que no se debe perder!

Meditación en el Corazón

Visualiza un cordón de luz que desciende desde tu Ser Superior a través de la coronilla de tu cabeza y entra a tu corazón. La luz de Dios será liberada a través de tu corazón y de tus chakras conforme das los mantras y decretos de las siguientes páginas.

Visualiza la luz del amor de Dios resplandeciendo a través de tu corazón. Mientras dices estos mantras y decretos en voz alta, ve ese amor como un intenso rayo ígneo de color rosa que pasa por tu corazón, entra al corazón de tu bebé y luego envuelve todo su cuerpo.

También puedes colocar tu mano izquierda sobre tu corazón y la derecha sobre la fotografía de un embrión o feto que esté en la misma etapa de gestación de tu bebé. Luego visualiza al bebé en tu vientre mientras dices los siguientes mantras y decretos del corazón.

MANTRA:

Fuego violeta, divino amor,
¡Flamea en éste mi corazón!
Misericordia verdadera tú eres siempre,
Mantenme en armonía contigo eternamente.

Meditación en el Corazón

MANTRA:

YO SOY la luz del corazón
Brillando en las tinieblas del ser
Y transformándolo todo en el dorado tesoro
De la mente de Cristo.

YO SOY quien proyecta mi amor
Hacia el mundo exterior
Para derribar toda barrera
Y borrar todo error.

¡YO SOY el poder del amor infinito,
Amplificándose a sí mismo
Hasta ser victorioso,
Por los siglos de los siglos!

LA LLAMA DEL CORAZÓN

DECRETO:

Oh poderosa llama trina* de la vida,
Tú, regalo de Dios tan puro,
Toma mis pensamientos y energías
Y mantenlos completamente seguros.

Bajo el vínculo de la hermandad
Y el entendimiento justo,
Envía, tú, a mi alma
El regalo de la santa oración.

Hilos de amor en la comunicación,
Procuran por ley celestial
Una tierna bendición para los bondadosos,
Emanando santa admiración

(el decreto continúa)

---

* Llama trina es otro término para la llama del corazón. La llama del corazón en realidad está compuesta por tres llamas entrelazadas: la llama azul del poder, la llama amarilla de la sabiduría y la llama rosa del amor. Estas tres llamas también corresponden a la Trinidad: Padre (Brahma), Hijo (Vishnú) y Espíritu Santo (Shiva).

Meditación en el Corazón

Que me acerca al trono de la gracia
Para contemplar ahora tu sagrado rostro
Y sin miedo impartir correctamente
Las pasiones del puro deleite Divino
Que me liberan de todo lo que ha sido
La naturaleza pecaminosa de todo hombre.

Cristo, elévame a la automaestría,
La pasión viva de los libres.
¡Determinación, levántate ahora
Y elévame por siempre hacia los cielos!

YO SOY, YO SOY, YO SOY
Quien envuelve a la vida y a todo ser
Con el mandato Divino "¡Amén!"
Que disipa la densidad humana.

YO SOY, YO SOY, YO SOY libre,
Ningún cautiverio me detiene.
YO SOY la plenitud de la ley del Amor
Que satisface toda carencia;
La consagración absoluta
Es mi voluntad y el deleite de Dios.

DECRETO:

YO SOY luz, candente luz,
Luz radiante, luz intensificada.
Dios consume mis tinieblas,
Transmutándolas en luz.

En este día YO SOY un foco del Sol Central.
A través de mí fluye un río cristalino,
Una fuente viviente de luz
Que jamás podrá ser cualificada
Por pensamientos y sentimientos humanos.
YO SOY una avanzada de lo Divino.
Las tinieblas que me han usado son consumidas
Por el poderoso río de luz que YO SOY.

YO SOY, YO SOY, YO SOY luz;
Yo vivo, yo vivo, yo vivo en la luz.
YO SOY la máxima dimensión de la luz;
YO SOY la más pura intención de la luz.
YO SOY luz, luz, luz
Inundando el mundo doquiera que voy,
Bendiciendo, fortaleciendo e impartiendo
El designio del reino del cielo.

CAPÍTULO NUEVE

Comunicación amorosa con tu futuro bebé

*De forma general, la personalidad
del niño por nacer que la mujer lleva dentro de sí
es una función de la calidad de la comunicación
entre madre e hijo, y también de su carácter
  específico.
Si la comunicación fue abundante,
rica y, lo más importante, nutricia,
son altas las probabilidades
de que el bebé sea robusto, sano y feliz.*

—Thomas Verny

Hay una tribu en África en la que la fecha de nacimiento de un niño no se cuenta a partir del momento en que nace, ni siquiera a partir del día de su concepción, sino desde el día en que por primera vez el niño es un pensamiento en la mente de su madre.

De manera que cuando la madre decide tener un hijo, abandona la aldea y se va a sentarse sola bajo un árbol. Permanece ahí sentada y escucha hasta que puede oír la canción del hijo que espera concebir. Y después de que ha escuchado la canción de este hijo, regresa a la aldea y se la enseña al padre. De modo que parte del tiempo que dedican a hacer el amor para concebir a ese hijo, cantan juntos esta canción para invitar al niño a que se una a ellos.

Después, cuando la madre está embarazada, le enseña la canción de su hijo a las parteras y a las ancianas de la aldea de modo que a lo largo del trabajo de parto y del alumbramiento el niño es saludado con su canción. Después del nacimiento todos los aldeanos aprenden la canción, y conforme el niño crece le cantan la canción siempre que se cae o se lastima. También se canta en momentos de triunfo, en rituales o en iniciaciones.

Cuando el niño se convierte en adulto, esta canción se convierte en parte de la ceremonia matrimonial. Y por último, al final de su vida, sus seres queridos se reúnen en torno a su lecho de muerte y le cantan esta canción mientras su alma abandona suavemente su cuerpo.[1]

Tu bebé por nacer puede comunicarse contigo

Una de las comunicaciones más conmovedoras que tuve con mis dos bebés mientras estaba embarazada y en especial justo cuando acababan de nacer, fue que me encontré a mí misma tarareando constantemente una melodía en particular. Para mi primer hijo la melodía fue "Mangas verdes" (Greensleeves), y para el segundo fue "Juanita".

Lo interesante es que descubrí que estas melodías eran muy reconfortantes para mis bebés después de haber nacido. Creo que fue entonces cuando empecé a darme cuenta de la importancia de las melodías. Si el bebé estaba agitado o llorando, a menudo sólo tararear la tonada lo tranquilizaba. Aunque no reflexioné mucho en ello en esos momentos, más tarde comprendí que estas melodías eran una de las claves para llegar a la identidad individual de mis hijos. Aunque ahora mis hijos son mucho mayores, las melodías siguen siendo significativas para ellos y para mí.

∽

Ya sea que te sintonices con la canción del alma de tu hijo o que sencillamente estés consciente de la presencia de esa alma cerca de ti, puedes comunicarte con ella y ella puede comunicarse contigo; incluso antes de la concepción.

Recuerdo cuando era estudiante en la Universidad de Boston y adonde quiera que iba, ya sea que estuviera sentada en algún lado o comiendo, con mi vista interna veía a un niñito rubio y de ojos azules que saltaba en una silla junto a mí. Y yo sabía por qué estaba él ahí, pero no estaba preparada para tener hijos. De modo que le decía: "no puedo tenerte ahora." Pero él siguió regresando y regresando hasta que por fin me casé con Mark Prophet y esta alma se convirtió en nuestro primogénito.

Ahora bien, ¿qué estaba haciendo esa alma todo ese tiempo que estaba en mi presencia?

Estaba estudiando el mundo. Estaba observándome. Estaba aprendiendo lo mismo que yo estaba aprendiendo. Participó en mi entrenamiento intelectual y también en mi entrenamiento espiritual. Piensa en esto: Nosotros podemos promover el entrenamiento intelectual y espiritual de nuestros hijos incluso antes de que sean concebidos.

Así que tan pronto como yo sabía que iba a tener un hijo, lo cual sucedía por lo general bastante tiempo antes de la concepción de ese niño, yo estaba en una relación amorosa, platicando y trabajando con esa alma. Es muy importante que esto nunca se detenga a lo largo de la vida; que ustedes tengan conversaciones profundas con sus hijos en todos los pasos y etapas de sus vidas.

╰╮

Mi último hijo (el séptimo) fue una sorpresa, y yo no me sentía totalmente preparada para la llegada de esta alma. Durante las primeras semanas del emba-

razo, hablé y envié alternativamente pensamientos a esta personita que estaba en mi vientre, diciéndole que no estaba rechazándolo ni me sentía desdichada por estar embarazada, sino que estaba tratando de recuperarme de la conmoción del embarazo. Le dije que estaba tratando de acomodar mis sentimientos y tratando de disponerme yo y disponerlo todo para abrazar por completo toda la situación.

De vez en cuando me disculpaba con esta alma por no sentir el mismo júbilo que fue tan natural durante mis otros embarazos. Cuando estaba en la sexta semana del embarazo, mi esposo me estaba dando palmaditas en el vientre y diciéndome que estaba seguro que el bebé era una niña. Empezó a pensar en algunos de sus nombres femeninos favoritos.

Entonces, de algún lado escuché que una vocecita decía, "¡no estés tan seguro!" Luego se rio a carcajadas.

Conforme las semanas y los meses del embarazo transcurrían, aprendí a reconocer esa voz como la de mi hijo por nacer que sonaba en mi oído interno. Platicamos muchas veces, en su mayoría por telepatía, y desarrollamos una relación rica y gratificante durante todo el periodo prenatal.

Cuando estaba embarazada de mi primer hijo, mi esposo se oponía a que le enseñara sobre religión o espiritualidad. Frustrada, le recé a Dios pidiéndole ayuda. De repente, sentí a mi bebé muy estrechamente alrededor de mí, envolviéndome en un senti-

miento muy amoroso y tierno. Y escuché que me decía, "no te preocupes. Déjamelo a mí. Yo puedo manejarlo. No hay problema".

Le pregunté: "¿Quién eres?" Entonces vi la imagen de un monje budista de Tailandia obeso y contento, un mendigo descalzo vestido con una rústica manta.

Desde que nació, mi hija se sentaba en mi regazo cada mañana para rezar y fascinaba tanto a su padre que él nunca interfirió. De hecho, empezó a rezar también.

Actualmente mi hija es una joven dulce y sensible que siente una profunda conexión con el sudeste de Asia.

❧

El alma del bebé nonato puede comunicarse con los padres de muchas formas distintas, como a través de sueños, intuiciones, o de una voz interna. Y en ocasiones el alma transmitirá a los padres una firme determinación de cumplir su misión, en especial cuando esa misión se ve amenazada.

❧

Tenía cerca de veintiséis años y quedé inesperadamente embarazada con mi tercer hijo. En esa época yo tenía el DIU (dispositivo intrauterino). El aborto no era legal. Mi esposo estaba molesto por este nuevo embarazo. Hablé con mi médico, quien me dijo que iba a sacar el DIU, lo cual daría por terminado el embarazo. De modo que eso era lo que íbamos a hacer.

> Me subí al auto para acudir a la cita médica y escuché que una poderosa voz interna decía: "¡Yo no seré asesinado!"
>
> Me quedé paralizada. Me di la vuelta, regresé a casa y llamé a mi esposo. Le dije que no podía hacerlo, que sentía que estaba matando a alguien.
>
> De manera que tuve este niño. Y al paso de los años, conforme este hijo ha ido creciendo, ha demostrado tener un carácter muy fuerte. Puedo imaginarlo con facilidad haciendo esa demanda tan rigurosa de que no termináramos con su vida.

¿Cuál es el nombre de tu bebé?

Según una leyenda judía, cuando el profeta Jeremías estaba todavía en el vientre, gritó, "no saldré de aquí antes de recibir mi nombre." Su padre dijo: "Te llamaré Abraham." Pero el bebé por nacer repuso, "ése no es mi nombre." El padre siguió sugiriendo nombres, pero el bebé insistía en que ninguno le quedaba.

De modo que el dilema del padre de Jeremías era que no podía encontrar el nombre correcto para su hijo. Pero el profeta Elías vino al rescate y propuso el nombre de Jeremías. "Éste", dijo el bebé nonato, "es mi nombre".[2]

∽

> Los nombres de mis tres hijos relampaguearon en mi mente cuando llevaba cerca de tres o cuatro meses de embarazo de mis gemelos. Los nombres que se me aparecieron para los gemelos fueron Francisco y Tobías. El nombre de la tercera hija fue Lolita.

En ese momento todos los nombres me gustaban, pero me resistía al nombre de Tobías porque me preocupaba que todos le fueran a decir Toby. Tenía el prejuicio de que Toby era nombre de niño malcriado, de manera que estaba tratando de buscarle un nombre distinto.

Pero luego, cuando nació y lo pusieron sobre mi abdomen, oí una voz que decía, "su nombre es Tobías". Obedecí a esa voz y le llamé Tobías.

Lo que ahora comprendo es que el nombre le queda. Incluso le queda bien Toby, porque a veces es algo travieso. Después de los gemelos tuvimos la hija, a quien le pusimos de nombre Lolita.

↜

Un día estaba muy preocupada por la elección del nombre correcto para mi bebé, y me dije a mí misma, "bueno, tendré que revisar los libros sobre bebés". Estaba sentada en la orilla de la cama y de pronto con la mente fui transportada a un saloncito, y yo estaba sentada ante una mesa grande, semejante a las que se usan para poner los libros mayores. Había un enorme libro, aproximadamente de sesenta por sesenta centímetros que tenía una portada llena de joyas. Al dar la vuelta a estas enormes páginas, vi que contenían cada nombre que haya sido puesto a una persona; el nombre, su definición y todas las personas que lo han tenido.

Y mientras pasaba las páginas pensaba, "¡caray, esto me va a llevar toda la vida!" Entró a la *habitación una niña de alrededor de doce años y pelo castaño algo ondulado. Permaneció de pie muy formal y dijo, "mi nombre es Cara June". Entonces dije "está bien" y cerré el libro, porque eso era todo lo que yo necesitaba escuchar.*

Y de nuevo me encontré en mi habitación a la orilla de mi cama. Después de eso me sentí muy exaltada y entusiasmada durante cerca de tres horas. Cuando mi hija nació, supe que era la misma niña a la que había visto entrar a la habitación. De modo que le puse Cara June.

❧

Cuando uno de mis hijos era un bebé de seis meses me impresionó mucho sentir la presencia de otra niña "llamando a la puerta". Hablé con mi esposo sobre ello y me dijo que él también lo había sentido. Convinimos en decirle a la niña que esperara y así lo hicimos.

Unos cuantos meses después sentimos el alma de esta niña pidiendo de nuevo venir, y otra vez le dijimos que aguardara. Cuando nuestro bebé empezó a caminar (creo que tenía poco más de un año de edad), la niña regresó por tercera ocasión con una presencia serena, sin suplicar, ni molestar, como yo lo hubiera pensado.

Hizo brillar su nombre en la pantalla de mi mente: Celeste María. Creo que sabía que ya no nos resistiríamos más después de haber recibido ese hermoso nombre. ¡Y tenía razón!

Cuando mi esposo regresó a casa después del trabajo, toda emocionada le conté que la misteriosa niña había regresado y me había dicho su nombre. Me dijo que ya lo sabía porque también lo había visitado a él. La concebimos con una jubilosa expectación. Y muy pronto la fotografía de una hermosa rosa llegó a mis manos. Ésta se convirtió en la nota tonal para esta niña durante el embarazo y el nacimiento. En verdad, ella es una rosa muy especial, incluso ahora como adolescente que navega las tempestuosas aguas de la vida.

❧

Una de las formas en que desarrollé un vínculo con mi hijo por nacer fue a través de los sueños. A pesar de que no me habían dicho el sexo de mi hijo, intuitivamente sabía que era niña.

Tuve tres sueños en los que una niñita se me acercaba, de diferentes edades, y una o dos veces también me dijo su nombre. En una ocasión dijo un nombre que inicialmente no me impresionó, pero al día siguiente vi el mismo nombre en otro idioma y supe que era el nombre correcto.

De manera que aprendí a ser más sensible a medida que me comunicaba con el alma de mi hija y a prestarle más atención a mis sueños. Y a menudo he aconsejado a otros futuros padres que cuando estén tratando de elegir el nombre adecuado para su hijo es importante que se comuniquen con el alma del niño. Si algo te llega a través de un sueño,

puede ser muy significativo. Pero si todavía no es-
tán seguros de que es el nombre correcto, esperen
hasta que nazca el niño. Entonces díganle el nom-
bre suave y directamente al niño y observen cual-
quier señal o reacción de parte del bebé.

〜

Cómo hablar con tu bebé por nacer

Tú moldeas y vuelves a moldear a tu hijo por medio del amor, y el amor es comunicación por medio del Espíritu Santo. Y formas y reformas a tu hijo mediante el poder de tus palabras habladas.

Por eso es importante que le hables a tu bebé (con palabras suaves, claras y afectuosas, no con balbuceo infantil) como si él o ella ya estuviera presente. Tu bebé puede o no entender el significado de las palabras, pero definitivamente es afectado por los sentimientos de amor detrás de las palabras. Hablar con tu bebé le ayudará a sentirse bienvenido, y le ayudará a unirse a ti.

〜

Cuando estaba embarazada platicaba con mis
bebés. En mi último embarazo, a veces sentía que él
se sobresaltaba cuando yo encendía la licuadora o
la aspiradora. Me tomaba el tiempo de acariciarme
el vientre, explicarle la razón de los sonidos fuertes
y decirle con voz suave que todo estaba bien. Adop-
té el hábito de advertirle antes de encender cual-
quier aparato eléctrico. Cuando lo hacía, sentía
que él no se sobresaltaba tanto.

～

Cuando estaba embarazada de mi segundo hijo descubrí ya muy avanzado el embarazo que mi bebé venía en posición de nalgas. Y como mi primer bebé había nacido por cesárea, yo sabía que el obstetra probablemente no me permitiría ni siquiera intentar un parto normal en caso de que este bebé viniera así.

De modo que hablé con la partera para decidir qué podíamos hacer para lograr que se volteara. En esa etapa del embarazo él ya debía de estar en posición normal cabeza hacia abajo.

Ella me dijo mis opciones, y la única con la que me sentí cómoda fue la de intentar convencer al bebé para que cambiara de posición. Esto implicaba que yo me acostara sobre una tabla inclinada con la cabeza hacia la parte baja y que diera masaje a mi estómago con un movimiento circular, mientras le hablaba en voz alta a mi bebé animándolo a cambiar de posición.

Bueno, mi bebé nunca cambió de posición, pero más tarde descubrí que probablemente se debió a la forma en que el cordón umbilical estaba enredado alrededor de él. Y nació por cesárea porque resultó evidente durante el trabajo de parto que por una serie de razones sería riesgoso para él nacer por vía vaginal. Como dato interesante, la cirugía y la recuperación fueron muy fáciles para mí.

Pero después del nacimiento pude ver la recompensa por toda mi labor de persuasión y mis pláticas al bebé. En el transcurso de unos días observé

que cuando estaba molesto o llorando, de inmedia-
to reaccionaba cuando yo le hablaba con una voz
suave y cariñosa.

Casi siempre dejaba de llorar y me escuchaba.
A veces eso era lo único que se necesitaba para re-
confortarlo. E incluso si tenía hambre, aun así de-
jaba de llorar y escuchaba. Creo que sólo después
de darse cuenta de que todavía tenía hambre empe-
zaba a llorar de nuevo.

Yo estaba muy intrigada por su reacción a mi
voz porque no había tenido la misma experiencia
con mi primer bebé. Durante ese embarazo me ha-
bía comunicado con mi primogénito mediante mis
pensamientos, pero en realidad no le había habla-
do. En verdad fue una experiencia sorprendente y
gratificante tener este nivel de comunicación con
mi nuevo bebé.

∽

Cuando estaba embarazada de mis gemelos
supe que a veces es difícil tener un parto natural
con gemelos. Pero yo quería tener un parto natural,
de modo que le pregunté a la partera cuál era la
mejor posición para que nacieran de forma natural.
Dijo que lo mejor para tener menos complicaciones
era que ambos vinieran con la cabeza hacia abajo.
En aquel momento (llevaba más o menos siete me-
ses de embarazo), uno de los gemelos tenía los pies
hacia abajo y el otro la cabeza.

De manera que le pedí a la partera algunas fo-
tografías de bebés que estuvieran en la posición co-

rrecta para meditar en ellas. *Luego me fui a casa,
medité en las fotografías y les pedí a los bebés que
ambos se colocaran en la posición correcta.*

*Pronto sentí un gran salto en mi vientre. Una
semana después, cuando regresé con la partera para
una revisión, ambos estaban con la cabeza hacia
abajo. Me sorprendí porque yo pensaba que les iba a
tomar mucho tiempo cambiar de posición, pero sólo
se los pedí una vez y lo hicieron. Permanecieron así
y nacieron de forma natural. Y yo no tuve ninguna
complicación.*

⌒

Hablar con su bebé por nacer es una de las formas
en que el futuro padre puede tener una intervención
significativa en su vida desde el principio mismo. En
The Secret Life of the Unborn Child (La vida secreta del
niño antes de nacer), el doctor Thomas Verny afirma
que aun cuando el hombre (por obvias razones fisioló-
gicas) se encuentra en posición de desventaja en lo que
al proceso de vinculación se refiere, los impedimentos
físicos no son insuperables:

Algo tan común como platicar, es un buen
ejemplo: el niño en el útero escucha la voz de su
padre, y existe sólida evidencia de que oír esa voz
origina una enorme diferencia emocional. En los
casos en los que el hombre le habló a su hijo en
el útero usando breves palabras tranquilizadoras,
el recién nacido fue capaz de distinguir la voz de
su padre en una habitación incluso en la primera

hora o en las primeras dos horas de vida. Más
que reconocerla, el bebé responde a la voz emocionalmente. Por ejemplo, si está llorando, deja-
rá de hacerlo. Ese sonido tranquilizante y familiar le dice que él está seguro.[3]

❧

Antes de que nuestra hija naciera, yo hablaba
con ella todo el tiempo. Casi todas las noches le
decía algo. Cuando nació, el médico la puso sobre
el pecho de mi esposa y nuestra hija miró un poco a
su alrededor. Poco después la saludé y le hablé.

Entonces hizo algo sorprendente. Volteó la ca-
beza por completo, casi 180 grados, para mirarme;
lo cual era algo bastante insólito en un bebé recién
nacido. Parecía querer ver quién estaba hablando
porque reconoció mi voz. Yo me sentí conmovido.
Fue un momento muy importante para mí.

❧

Cuando todos los miembros de la familia se comu-
nican con el bebé que está en el vientre, empiezan a
desarrollar su propia relación con ese bebé. Y todos en
la familia se vuelven más sensibles para hacer que el
hogar sea el lugar más armonioso y feliz para beneficio
del bebé. Un ambiente familiar edificante también es
significativo porque muchos estudios han demostrado
que las mujeres que son felices durante el embarazo es
más probable que tengan bebés inteligentes y amiga-
bles.

La educación empieza en el vientre

Además de hacer que tu bebé se sienta bienvenido, hablarle a tu bebé estimula su desarrollo cerebral. Los científicos nos dicen que después del cuarto mes del embarazo aproximadamente, un alto porcentaje de las células cerebrales del bebé se mueren si no se les estimula diariamente. Mientras más estimulemos y le hablemos al bebé, mejor será para su desarrollo integral.

❦

Cuando estaba embarazada de mi primer hijo, podía darme cuenta de que era una bebé mentalmente muy activa. Yo solía dar largos paseos junto al río y me sentía impulsada a contarle sobre todos los fenómenos naturales, como la forma en que el río llegó a existir (por ejemplo, que el agua proviene de manantiales y tributarios que obtienen su agua de la nieve derretida y de la lluvia, la cual proviene de las nubes, que a su vez obtienen su humedad por la evaporación, y así sucesivamente).

Actualmente mi hija tiene cinco años y es muy lista. Todos los que la conocen quedan impresionados por su inteligencia. Y sigue siendo sumamente curiosa acerca de todo lo que la rodea, desde cuáles son las noticias hasta por qué se descompuso la lavadora de platos. De manera que no he dejado de platicar con ella y de responder sus preguntas.

❦

Durante muchos años he sabido que la educación empieza en el vientre. Creo que lo sabía mucho antes de tener a mis cinco hijos. En años recientes hemos aprendido mucho más acerca de la capacidad de aprendizaje de los bebés en el vientre. Los estudios y las historias de primera mano revelan que el bebé tiene una memoria que empieza en los primeros meses de gestación.

Cuando estaba embarazada de mi primer hijo, me desmayé en la iglesia. Una amiga me ayudó bajando mi cabeza hasta el piso y esto me ayudó a despejarme.

Cuatro años después tuve un mareo y de nuevo me incliné para recuperar el equilibrio. Mi hijo se me acercó, me dio de palmaditas en la espalda y dijo, "no te preocupes mami, vas a estar bien. ¿Recuerdas que hiciste lo mismo cuando yo estaba en tu pancita? No me gustó porque me zarandeaste". Y se rio.

Hay un creciente interés y comprensión de la importancia de la educación postnatal e incluso prenatal. En mi opinión, ésta es la gran revolución en la educación. Y es la puerta abierta a través de la cual podemos darles a los niños mucho amor, mucha alegría, mucha capacitación y mucha autoestima.

Creo que en todas las áreas de la educación prenatal y postnatal, lo que hacemos como padres y madres (proporcionar un ambiente estimulante, enseñar a nuestro hijo y hablarle desde que está en el vientre) despierta facultades que de otro modo morirían antes de que el niño ni siquiera fuera considerado capaz de usar esas facultades para el aprendizaje.

Cuando estaba embarazada de mi quinto hijo observaba las letras de los alfabetos hebreo y griego y me formaba una imagen mental de esas letras. Entonces le enviaba a él las imágenes mientras las decía en voz alta. Específicamente las enviaba desde el chakra de la coronilla hasta el chakra del corazón y las visualizaba en una pantalla para que él pudiera verlas.

Descubrí que día tras día él retozaba en el vientre y se divertía mucho, entonces me sentaba y le decía, "ya es hora de tus lecciones". Y él se quedaba totalmente quieto, muy tranquilo. Mientras le daba sus lecciones de química, arte, el alfabeto griego y el hebreo, no se movía para nada. Luego mirábamos un video de un método japonés para aprender matemáticas.

Después de que mi hijo nació, le mostramos estos videos japoneses sobre las matemáticas y nos dimos cuenta de que él sabía que los había visto antes. Y para concluir, un día recibí la visita de unos periodistas japoneses. Mientras almorzaba con ellos, supe por ellos que mi hijo estaba pronunciando palabras en japonés. Desde que empezó a hablar había estado diciendo estas palabras pero yo no lo sabía, porque nadie en mi familia hablaba japonés. Comprendí por lo tanto que tuvo que haber pescado estas palabras en japonés de los videos que había escuchado estando en el vientre.

Ésta fue una de las cosas más emocionantes que yo había experimentado. Eso nos demuestra que la educación empieza no sólo antes del nacimiento sino tal vez mucho antes de la concepción, cuando los ángeles le notifican a la madre y al padre que un alma está lista para nacer.

❧

Mi esposo y yo llevábamos cuatro meses de casados y no teníamos planeado tener más hijos, porque ya teníamos siete entre los dos. ¡Pero nuestra hija tenía una idea diferente!

Varios meses antes de que fuera concebida, yo le estaba rezando a María, la madre de Jesús, y escuché en mi interior la voz clara y fuerte de una niña pequeña que decía: "¡Ésa soy yo! Así me llamo. ¡Yo soy María!"

Bueno, decir que me sorprendí es quedarme corta. Pocos meses después quedé embarazada. Incluso antes de su concepción el alma de María nos transmitió su carácter con toda claridad. Su padre dice que "es ajonjolí de todos los moles". Le gusta presionar, anunciarse y hacer revuelo. Por lo general logra lo que quiere. ¡Ciertamente lo hizo en la forma en que nos anunció su llegada!

❧

Antes de que mi esposo y yo hubiéramos decidido tener un segundo hijo, sentí la presencia de un alma que era como un pequeño querubín que decía, "estoy esperando a que ustedes me tengan." El pensamiento simplemente me vino a la cabeza un día mientras estaba cocinando: La bebé sabía que nacería y me lo estaba haciendo saber.

Sentí que esta niña era impaciente, revoltosa y traviesa, y supuse que esta alma disfrutaría la vida. Predije que sería una bebé rechoncha y feliz que se chuparía el dedo. ¡Y así fue! Nació con el dedo pulgar (casi) en la boca y tenía llantitas en su cuerpo de tres kilos y medio. Todos nuestros amigos dijeron que era la bebé más feliz que habían conocido.

❧

El bebé por nacer conoce los sentimientos de su madre

Todo lo que una mujer embarazada hace o siente afecta a su bebé por nacer. Tarde o temprano ella descubre que su futuro bebé está alerta y es sumamente sensible a los estímulos auditivos y al clima emocional de su ambiente inmediato.

Muchas historias directas de las madres verifican esta fina sensibilidad. Los bebés patean mucho más cuando la madre está alterada o en una situación molesta, y se tranquilizan de manera dramática cuando las cosas son más tranquilas y felices.

Con frecuencia la futura madre no está consciente de lo que le está comunicando a su bebé de forma indirecta; no obstante, incluso su ritmo cardiaco, temperatura, respiración y tensión muscular le dan al bebé una impresión muy precisa de lo que ella está sintiendo.

❧

Mi primer embarazo fue muy tenso. Estaba recién casada y acabábamos de iniciar un negocio.

También me sentía bastante insegura sobre el embarazo y confundida sobre la mejor forma de ali-
mentarme y cuidarme. Cuando yo tenía periodos
de mayor tensión, podía darme cuenta que el bebé
estaba más alterado y activo. El bebé no creció bien
durante el primer periodo de su vida, pero después
las cosas mejoraron.

Este niño nació con un poderoso sentido de libertad, pero también tenía algunos miedos e inseguridades. Esta parte insegura de sí mismo es intensa, tímida y temerosa. Tengo la sensación de
que mi estado emocional durante el embarazo con-
tribuyó en parte a su inseguridad emocional. Finalmente, a los siete años, parece estar superando algo
de su timidez.

∽

En *The Secret Life of the Unborn Child* (La vida secreta del niño antes de nacer), el doctor Verny escribe:
"El niño nonato es un ser *consciente, que siente y recuerda,* y como es así, lo que le sucede —lo que nos sucede
a todos nosotros— en los nueve meses entre la concepción y el nacimiento, moldea y da forma a la personalidad, a los impulsos y ambiciones de formas muy importantes".[4] A través de varios estudios, Verny demuestra
que existe una correlación entre el estado emocional
de la madre y el desarrollo físico, mental y emocional
del niño.

Él concluye que el estrés o la ansiedad continuos o
prolongados en la madre ocasionan que se secrete un

exceso de hormonas del estrés dentro de la corriente sanguínea de la madre, lo que a su vez puede dar como resultado un sistema nervioso autónomo sobrecargado en el bebé. Esto puede conducir a bajo peso en el nacimiento, trastornos gástricos, dificultades para leer y/o problemas de conducta.[5]

◝

Antes de mi primer embarazo había escuchado a otras madres platicar lo serenas y felices que se sentían durante sus embarazos. También había leído varios libros que revelaban los efectos positivos de los sentimientos de alegría y amor en la futura madre sobre el desarrollo del bebé.

Bueno, las circunstancias de mi primer embarazo estaban lejos de ser tranquilas y alegres. Mi esposo estaba trabajando en otro estado. Yo me encontré teniendo que trabajar sesenta horas a la semana para pagar las cuentas y los gastos médicos. Trabajaba en el centro de Los Ángeles y el smog era terrible. Mi dieta consistía básicamente en comida rápida. Esto no era precisamente ni el ambiente ni la nutrición ideales para un bebé por nacer.

También sabía en algún nivel dentro de mí, que me harían cesárea, lo que en ese momento me resultaba atemorizante. Estaba agotada, estresada y sola. Muchas noches lloré a solas en mi cama. A veces pienso que fue sólo por la gracia de Dios que no perdí al bebé.

El alumbramiento de hecho fue difícil, un trabajo de parto que duró 48 horas y una cesárea. Pero desde luego, cuando tuve a mi bebé en mis brazos, ¡todo había valido la pena! ¡Él lo había logrado, nació sano y salvo! Eso era lo único que realmente importaba.

Sin embargo, mi recién nacido definitivamente manifestó los efectos de mi estado emocional durante el embarazo. Era inquieto y estaba bajo de peso, además de que sólo dormía durante breves periodos. Se despertaba con facilidad y se le dificultaba quedarse dormido a menos que yo lo estuviera alimentando o cargando. Durante algún tiempo esto me entristeció. Pero yo sabía que lo único que podía hacer era seguir adelante y darle a este niño amor y atención abundantes para ayudarlo a sanar los efectos emocionales de este embarazo.

Un año después del nacimiento de nuestro primer hijo, quedé embarazada de nuevo. Estaba mejor preparada emocionalmente para este hijo aunque las circunstancias no eran mucho mejores. Me imaginé que los retos durante los embarazos debían ser una especie de karma que regresa. De modo que sabía que durante este embarazo debía de veras esforzarme mucho para mantenerme feliz y en paz.

Diariamente tenía que afirmar los aspectos positivos de mi vida. Después de todo, tenía muchas cosas que agradecer. Para empezar, algunas de mis amigas no podían concebir. De manera que alabé y agradecí a Dios por la vida que estaba en mi vientre. Y también le hablaba a mi bebé con frecuencia y le decía lo mucho que lo quería y lo deseaba.

En consecuencia, nuestro segundo bebé fue totalmente distinto. Al nacer fue más tranquilo y saludable que el primero.

Conforme los niños han crecido, nuestro primer hijo ha luchado contra una baja autoestima y problemas de aprendizaje. Mi esposo y yo hemos tenido que esforzarnos mucho para ayudar a nuestro hijo a desarrollar su autoestima en áreas en las que ha tenido éxito. Nuestro segundo hijo, por el contrario, siempre ha tenido un buen sentido de autoestima y sobresale en la escuela.

Es difícil saber si cada niño sencillamente nació con estas características o si fueron efecto directo de mi estado emocional durante el embarazo. Yo creo que es un poco de ambas cosas. Lo que aprendí es que tenemos asuntos kármicos que resolver con nuestros hijos, incluso durante el embarazo. Pero sin importar cuán difíciles sean las circunstancias, creo que siempre tenemos la elección de mejorar las cosas y de darle a nuestros hijos el apoyo de nuestro amor y alegría para ayudarlos a superar sus propios desafíos kármicos, al igual que los nuestros.

∽

Amor y armonía en el hogar

El amor y la armonía en el hogar preparan la cuna espiritual para el bebé. Cuando la relación entre la madre y el padre es amorosa y armoniosa, eso es un gran consuelo para el futuro bebé.

Por lo tanto, si existen problemas de corto o largo plazo para llevarte bien con tu cónyuge, ambos pueden decidir hacerlos a un lado y decir, "dedicaremos nuestro amor a este hijo sin importar cuáles sean nuestros problemas." Una forma práctica para ayudarte a mantener el compromiso de ser amoroso y armonioso, en especial durante el embarazo, es mantener tu atención en los aspectos positivos y virtuosos de tu cónyuge y simplemente ignorar los molestos. Otro es usar los decretos a la llama violeta al final del capítulo 6.

Además de ser armonioso con tu cónyuge, ambos padres pueden definir lo que necesitan hacer para conservar el amor y la armonía en su hogar. El padre puede verse a sí mismo en el papel de protector y no permitir que algo que pueda causar un estrés innecesario cruce el umbral del hogar. Fuentes clave de estrés son las preocupaciones financieras, las amenazas exteriores al hogar, problemas con otros niños y problemas en el matrimonio.

Cada madre debe aprender por sí misma lo que necesita hacer para sentirse feliz y armoniosa durante el embarazo. ¿Acaso necesita descansar más? ¿Comer adecuadamente? ¿Conservar la casa limpia? O tal vez necesita dar un paseo temprano por la mañana, rezar, escuchar música tranquilizante o motivadora, leer o platicar con los seres queridos. Cualquier cosa que necesites, reacomoda tu vida para adaptarla.

⌒

La exaltación y alegría iniciales al saber que estaba embarazada me ayudaron a sobrellevar los primeros escabrosos meses de náusea y fatiga. Des-

cubrí que la mejor forma de lidiar con ello era simplemente "dejar que pasara" y tomarme el tiempo para cuidarme y nutrirme a mí misma.

Cuando superé el primer trimestre me sentí más viva, más sana y más feliz que antes. ¡El segundo trimestre fue una época maravillosa! Nadar y seguir una rutina diaria de ejercicios de yoga especiales para el embarazo, fue lo que me ayudó a permanecer en forma y a sentirme bien.

~

Muchas madres encuentran una mayor armonía si evitan relaciones perturbadoras, multitudes y lugares ruidosos, televisión y películas. Cada madre encuentra una fórmula distinta para crear su sentido de felicidad y bienestar. Esta fórmula la ayudará a establecer una rutina ordenada y cierto ritmo a sus días. Como resultado de esta armonía, más amor y alegría fluirán de manera natural dentro de su mundo.

~

Yo no soportaba ver televisión ni películas. Durante el embarazo estaba sumamente sensible, y mi percepción más acentuada me hacía casi imposible tolerar muchas de las películas que antes y después del embarazo me parecían bien. Creo que es muy importante evitar ser bombardeada por películas y programas de televisión durante el embarazo. Estímulos de esta clase pueden resultar excesivos. Descubrí que inhibían mi conciencia intuitiva de los pensamientos y necesidades de mi bebé.

~

La intuición de la madre sobre su bebé -cuándo va a nacer, si es niño o niña, qué tipo de personalidad tiene y en especial cuáles son las necesidades del bebé, es un don especial que las madres han tenido a lo largo de las épocas. Lo que no siempre se comprende es que los padres también tienen este don.

↩

La fecha en que mi bebé debía nacer llegó y se fue. Tenía tres semanas de retraso. Parecía que sencillamente no quería nacer. El doctor trató de inducir el parto y aun así después de nueve horas nada sucedía.

Entonces mi esposo empezó a hablarle a nuestro hijo diciéndole: "Aquí las cosas son muy agradables. Nos emociona mucho conocerte y que seas parte de nuestra familia. Estamos listos para ti".

Después de esta amable persuasión y de darle confianza, finalmente empezó mi trabajo de parto. Nuestro hijo sólo necesitaba que su padre le diera confianza antes de estar listo para nacer.

↩

Escucha a tu voz interna. Debes saber que Dios te guiará para que seas la mejor madre o el mejor padre para tu amado bebé.

Epílogo:
EL ALMA DE TU BEBÉ
PUEDE FLORECER

Es difícil imaginar qué se siente tener un bebé
cuando nunca has tenido uno. La única forma en
que puedes comprenderlo es si piensas en lo que
más amas en estos momentos, ¡y luego lo multipli-
cas por el infinito!

⌣

Al igual que cada flor lleva en sí la semilla para
convertirse en un hermoso capullo, así cada niño lleva
encerrados dentro de sí el arquetipo y los recursos para
cumplir su misión en la vida. Que la flor florezca o no
depende de la fertilidad de la tierra, del brillo del sol y
de la cantidad de lluvia. Que el niño realice o no su
potencial particular y cumpla su misión, depende en
gran medida de su ambiente en el vientre y en el hogar.

Como padres, ustedes pueden crear el ambiente
más fértil para su hijo si se preparan espiritualmente
para recibir a ese niño. Esta preparación empieza ideal-

mente tres meses antes de la concepción —o incluso años antes— y puede influir en la herencia física y espiritual de su hijo.

Pero todavía más, yo creo que no basta con dejar que tu hijo herede tu constitución ósea, tu química sanguínea o incluso el mismo nivel de espiritualidad de ustedes. Mientras se preparan para recibir a su hijo, pueden procurar extraer desde la estrella de esa alma que brilla allá arriba aguardando el momento de nacer, la sustancia de su Ser Superior. El Ser Superior es la estrella de perfección de la individualidad de cada alma en Dios.

En consecuencia, pueden capacitar al alma de su hijo por nacer para que sea receptiva a su propia individualidad, si traen a su ambiente lo más elevado y bello en arte, música, literatura, drama y en la naturaleza. Si hacen las meditaciones de este libro pueden transmitir belleza y virtud a su hijo nonato mediante la acción del flujo de amor a través del chakra de su corazón.

Este flujo de amor acumulándose en el corazón de ustedes puede hacer la diferencia entre cualquier posible deficiencia kármica o hereditaria de su hijo nonato, y la perfección de su Ser Superior. Esa brecha entre las imperfecciones potenciales y los logros futuros puede ser llenada con el amor de su corazón.

Aquí es donde empieza la paternidad espiritual. Y puede continuar a lo largo de toda su vida conforme se esfuerzan por mayores niveles de maestría personal, resolución interna con Dios, y la purificación de cuerpo, mente, corazón y alma. Con ese amor que protege al niño a lo largo de la vida, la trama de la evolución de esa alma se fortalece con la misma certeza como el desenvolvimiento de los pétalos de la flor uno por uno crea la totalidad de la ofrenda floral.

Las oraciones y meditaciones de este libro pueden llevar al alma de tu hijo a una profunda conexión con Dios para todo el resto de su vida. Dotan al niño por nacer con las cualidades sagradas de gracia, amor y alegría. Esta dotación se logra conscientemente extendiendo el fervor espiritual de tu corazón con devoción y visualización para lo que deseas ver manifestado en tu hijo.

Es fácil, por lo tanto, comprender la necesidad de la purificación del corazón mientras se preparan para su hijo, porque es a través del corazón que le conferirán belleza, perfección y alegría a la vida. Y la transmisión de la alegría viene fácilmente por medio de la llama violeta.

Invocar la llama violeta es uno de los ejercicios espirituales más importantes que puedes hacer para ti y para tu hijo. La llama violeta no sólo atrae alegría, sino que puede purificar tus cuatro cuerpos y tus chakras. Si descubres que tienes poco tiempo o energía para ejercicios espirituales, no subestimes el beneficio de incluso cinco minutos de decretos de llama violeta al día.

La llama violeta te permitirá equilibrar el karma con tu hijo incluso antes de que él sea parte de tu familia. Y así, por la gracia de la llama violeta, puedes despejar el camino para la relación más alegre y armoniosa posible con tu hijo a lo largo de toda tu vida. También puedes comulgar con el Ser Superior de tu hijo mientras invocas la llama violeta para que ayude en el equilibrio del karma de él y para cambiar rasgos hereditarios indeseables antes del nacimiento.

La llama violeta es de hecho el poder transformador para el cambio. Es el mayor regalo de amor que puedes darle al alma de tu hijo, porque puede ayudar a eliminar los obstáculos para el desarrollo del potencial único de tu hijo y de su misión en la vida. Así pues, ¡prepara el terreno fértil con amor y alegría y permite que florezca ese hermoso capullo del alma de tu hijo!

RESUMEN

Preparación Espiritual para la Paternidad

∽

Formas de nutrir el Alma de tu Bebé antes del Nacimiento

Preparación Espiritual para la Paternidad

* Aprende a atender las necesidades de tu propia alma con sensibilidad y generosidad. Estudia y trabaja para sanar la psicología de tu alma y busca ayuda profesional si es necesario.

* Busca la solución para todos los aspectos no resueltos de tu relación con tus padres. Sana tu alma perdonándote a ti mismo, a tus padres o a otras personas que puedan haberte lastimado. Puedes decir la oración para el perdón para ayudarte en este proceso (página 36-37).

* Dedica tiempo para meditar a solas en tu corazón y tu alma. Haz conciencia de que eres amado(a) a la perfección por Dios. Sé consciente de que tu corazón es el punto de contacto con Dios y con el alma de tu futuro hijo.

* Experimenta dedicando de cinco a quince minutos al día a dar decretos de llama violeta para la curación y transformación de cualquier problema físico o psicológico que puedas tener.

* Haz la Meditación en los Chakras con el Fuego Violeta para la purificación de tus chakras y para la transmutación de residuos kármicos (páginas 62-64).

Preparación Espiritual para la Paternidad

* Identifica rasgos hereditarios en tu familia que no quieres transmitir a tus hijos. Invoca la llama violeta para que pase a través de tu cadena de ADN para la transmutación de esos rasgos.

* Si así lo deseas, pídele a Dios que te mande un alma con virtudes o talentos específicos. Dile a Dios qué compromisos estás dispuesto(a) a hacer por el bien de ese niño.

* Comprende que el matrimonio es una gran oportunidad para el desarrollo espiritual y el equilibrio del karma. Mantén expectativas realistas de tu cónyuge y permite que haya flexibilidad y creatividad en sus roles.

* Para la concepción elige una meditación que te eleve a ti y a tu cónyuge hasta la máxima sintonía espiritual. Sellen su meditación cada vez que intenten concebir y pidan la protección de la concepción (páginas 80-88).

* Mientras se preparan para la iniciación del alumbramiento, recen para tener fortaleza interior. También recen para la protección de la madre y del niño, así como la del padre, la partera, los médicos, enfermeras, técnicos del hospital y cualquier otra persona involucrada en el nacimiento.

Formas de Nutrir
El Alma de tu Bebé Antes del Nacimiento

* Incluso antes de la concepción, inicia una relación amorosa de comunicación y trabajo con el alma de tu futuro hijo. El alma de tu hijo puede comunicarse contigo de muchas maneras diferentes, como son los sueños, las intuiciones o una voz interior. Escucha a esa vocecita silenciosa.

* Prepara una cuna espiritual para tu bebé manteniendo un ambiente amoroso y armonioso en tu hogar. La madre puede encontrar una rutina diaria única para crear su sentido de felicidad y bienestar. El padre puede ofrecer apoyo con oraciones y proteger a su esposa de situaciones que pudieran ocasionarle un estrés innecesario.

* Enséñale a tu bebé en el vientre hablándole como a un alma inteligente y madura y proporcionándole un ambiente estimulante. Si así lo decides, puedes incluso darle lecciones académicas o culturales.

* Haz diariamente la Meditación para la Protección para cuidar del sano desarrollo de tu bebé desde la concepción hasta el alumbramiento (páginas 108-110)

Formas de Nutrir
El Alma de tu Bebé Antes del Nacimiento

+ Ofrece oraciones específicas durante cada trimestre, pidiéndole a Dios que ayude al alma de tu hijo a transmutar su karma negativo y cualquier deficiencia en sus cuerpos mental, emocional y físico (páginas 126-129).

+ Da decretos de llama violeta para la purificación del cuerpo etérico de tu hijo (lo idóneo es tres meses antes de la concepción). Visualiza la perfección del alma de tu hijo cuando fue creada por Dios (páginas 130-134).

+ Engrandece al máximo el potencial hereditario de tu hijo haciendo Ia Meditación en la Molécula de ADN. Visualiza la llama violeta purificando e infundiendo tu DNA y el DNA de tu hijo con cualidades virtuosas (páginas 149-150).

+ Haz la Meditación en el Corazón usando fotografías del feto en desarrollo para dirigir amor y luz desde tu corazón hacia cada célula del cuerpo de tu bebé en cada etapa del desarrollo prenatal (páginas 168-172).

+ Medita en música y arte clásicos (en especial en las nueve sinfonías de Beethoven) para edificar los intrincados patrones del alma y de los cuatro cuerpos de tu hijo. Inicia una colección de selecciones musicales que engrandezcan Ia vida (ver apéndice B).

Apéndice A:

DESCRIPCIÓN GENERAL DEL DESARROLLO FETAL

Durante el periodo embrionario (los primeros dos meses) se empiezan a formar todas las estructuras y órganos principales del cuerpo del bebé. Debido a que hay muchos cambios rápidos, en esta sección estos desarrollos se enumeran semana por semana. Los desarrollos del periodo fetal (del tercero al noveno mes) son importantes pero relativamente más lentos. Por lo tanto, se enumeran mes por mes.

El periodo embrionario: Semanas primera a octava*

Semana 1

* El óvulo es fertilizado por un espermatozoide y los cromosomas del esperma y del óvulo se unen. Cada

---

* Los médicos por lo general describen las semanas de embarazo a partir del inicio del último ciclo menstrual. Éste ocurre dos semanas antes de la fertilización real, a partir de la cual se determina la edad fetal. Por lo tanto, si tu médico te dice que tienes diez semanas de embarazo, la edad del feto es de ocho semanas. Aclarado esto, en toda esta sección (así como en el capítulo 5), se usa la edad fetal.

uno de los padres aporta 23 cromosomas que se combinan para hacer 46 cromosomas.

✦ En los siguientes dos o tres días la célula fertilizada experimenta una rápida división, y mientras viaja hacia abajo por la trompa de Falopio se convierte en un embrión de entre 9 a 12 células.

✦ Para el séptimo día, el embrión entra al útero y se adhiere a la mucosa uterina.

Semana 2

✦ El embrión implantado se incrusta más profundamente en la pared uterina.

✦ Se empiezan a desarrollar el saco amniótico y la placenta (que transporta nutrientes y oxígeno para el bebé).

✦ Tres diferentes capas de células, llamadas capas germinales (ectodermo, mesodermo y endodermo) serán el origen de los órganos y tejidos especializados.

Semana 3

✦ La longitud del bebé es de aproximadamente 1.5 mm.

✦ Se forma un par de tubos del corazón (que se convertirán en el corazón del bebé). Este par se fusiona,

---

Nota: Las semanas de la cuarta a la octava del periodo embrionario son un periodo muy crítico. Se empiezan a formar todas las estructuras principales del cuerpo, y para el final de la octava semana todos los órganos principales se han empezado a desarrollar. Este es un periodo de desarrollo en extremo importante porque el embrión es más vulnerable a factores que pueden interferir con el sano desarrollo.

¡y empieza a latir en algún momento entre los días 22 y 27! Aparecen por primera vez los vasos sanguíneos y se forma un sistema cardiovascular primitivo.

* Se crea el futuro sistema nervioso central (cerebro y médula espinal).

* Se empieza a formar el esqueleto del bebé.

Semana 4

* El embrión crece rápidamente y mide de 2 a 4 mm.

* Se establecen las principales divisiones del sistema nervioso central: cerebro anterior, cerebro medio, cerebro psterior y médula espinal.

* Se empiezan a formar los ojos y los oídos.

* Se forman cuatro pares de arcos braquiales, que más adelante se convierten en las intrincadas partes de la cara y el cuello.

* Se empiezan a desarrollar los pulmones, los riñones y el aparato digestivo.

* Se forman los nódulos origen de las extremidades.

Semana 5

* En esta semana el bebé tiene un gran aumento en su crecimiento. Al principio de la semana mide de 4 a 5 mm y al final de la semana tiene de 11 a 13 mm.

* Ahora es posible distinguir cinco divisiones notorias del cerebro. Se han formado los dos hemisferios cerebrales y crecen con rapidez.

- Las estructuras de ojos, oídos y nariz siguen formándose.

- El corazón palpitante se ha dividido en cámara derecha e izquierda. La sangre ha empezado a ser bombeada por el corazón a través del sistema circulatorio.

- Se están formando los pasajes de aire (bronquios) hacia los pulmones.

- Se están desarrollando los intestinos, el apéndice, el páncreas y el bazo.

- Las extremidades siguen tomando forma. Están presentes las estructuras que formarán las manos y los pies.

Semana 6

- El tamaño del bebé es aproximadamente de 13 a 20 mm.

- El corazón tiene su forma característica; se han desarrollado las válvulas aórtica y pulmonar del corazón.

- Los pulmones tienen lóbulos definitivos y los bronquios se ramifican en pequeñas vías aéras.

- Los codos ya existen, los brazos y las piernas son más largos y se extienden hacia adelante. Se han formado brotes divergentes en la mano y en el pie, que se convertirán en dedos y ortejos.

- Se están formando los párpados.

- Las orejas se desarrollan a partir de pliegues de la piel y se empieza a formar el sistema vestibular en el oído interno.

* Están formados el labio superior y la punta de la nariz.

* Están surgiendo dientes y paladar rudimentarios.

Semana 7

* El bebé mide de 22 a 30 mm.

* La cara del bebé ahora tiene ojos, nariz, labios y lengua.

* Se está desarrollando el nervio óptico, una conexión nerviosa que va del ojo al cerebro. La pupila del ojo también se forma en esta semana.

* Los órganos digestivos están alcanzando sus posiciones y forma final.

* Se están formando los genitales externos.

* En todo el cuerpo están creciendo músculos rápidamente y se empiezan a mover espontáneamente.

* Durante esta semana las extremidades experimentan un gran cambio y empiezan sus primeros y pequeños movimientos.

* Aparecen cortes en los brotes digitales, lo cual indica futuros dedos de manos y pies.

Semana 8

* El tamaño del bebé es de 31 a 42 mm.

* De las semanas 8 a la 10 los ojos empiezan a moverse hacia la mitad de la cara. Los párpados están cerrados y permanecen cerrados hasta la semana 25.

* La corteza cerebral empieza a adquirir sus células específicas.

* Las vías aéreas de los pulmones (bronquios) siguen ramificándose.

* Ei tracto digestivo se vuelve más complejo.

* Los músculos definitivos de cabeza, cuello, tronco y extremidades hacen posible que el bebé se mueva.

* El bebé ahora puede respirar y tragar.

El periodo fetal: semanas de la 9 a la 38

SEMANAS DE LA 9 A LA 12 (TERCER MES)

* El bebé, que ahora se llama feto, mide aproximadamente de 4.5 a 7.5 cm. de longitud y está creciendo rápidamente.

* El cerebro tiene sus características estructurales generales. La glándula pituitaria está comenzando a producir hormonas.

* Los pulmones han tomado su forma definitiva y empiezan movimientos rudimentarios de respiración con la boca.

* El hígado es el principal sitio donde se producen glóbulos rojos. A las 12 semanas, esto también ocurre en el bazo.

* Los riñones empiezan a producir orina.

* Se está desarrollando el páncreas fetal.

* Para la 12ª.semana los genitales están bien definidos y es posible identificar el sexo del bebé.

* La cara es ancha y los ojos están muy separados y con los párpados cerrados. De la semana 11 a la 12 los ojos se mueven hacia el frente de la cara y las orejas se desplazan del cuello a la cabeza.

* Para la semana 12, el sistema esquelético está empezando a formar hueso (a absorber calcio y a endurecerse).

* Los dedos y los ortejos se han separado, y las uñas están creciendo.

* Un desarrollo muscular maduro ahora le permite al bebé estirarse, rotar, dar vueltas, agarrar y tragar.

SEMANAS DE LA 13 A LA 16 (CUARTO MES)

* Durante estas semanas el bebé sube de peso y crece rápidamente. Para la semana 16 mide aproximadamente de 12 a 14 cm.

* Partes del cerebro, como el cerebelo y los dos hemisferios, están mejor definidas.

* El músculo cardiaco está más condensado.

* Órganos y tejidos tales como las amígdalas, las adenoides, los senos nasales, células pulmonares especiales, los riñones y los huesos, continúan perfeccionándose.

* Los oídos externos se encuentran en la posición correcta y sobresalen de la cabeza. La audición reactiva puede empezar tan pronto como en la semana 14.

* El sudor y las glándulas sebáceas aparecen en la piel.

* Durante la semana 15 el cuerpo del bebé empieza a producir grasa, parte importante del metabolismo y de la producción de calor.

* Un vello fino, llamado lanugo, cubre el cuerpo del bebé.

* Las uñas de las manos y de los pies están bien formadas.

* Los movimientos fetales son más espontáneos, coordinados y complejos.

* (Por lo general la madre siente el movimiento fetal cuando el bebé tiene de 14 a 18 semanas.)

SEMANAS 17 A 20 (QUINTO MES)

* Para la semana 17, el bebé mide de 12 a 16 cm. y pesa 225 gramos. ¡El peso aumentará quince veces entre este momento y el nacimiento!

* Desde la semana 18 hasta el término del embarazo la formación de células sanguíneas aumenta en la médula ósea y disminuye en el hígado. El hígado también ayuda a descomponer los productos residuales de los glóbulos rojos (bilirrubina).

* Para la semana 19 el desarrollo del sistema digestivo le permite al bebé deglutir y absorber líquido amniótico. El material que no se absorbe (meconio) ahora llega hasta el intestino grueso.

* Las glándulas sebáceas y las células de la piel forman una capa grasosa que protege la nueva piel del bebé.

* Se empiezan a formar las cejas y las pestañas. Los párpados están bien desarrollados y los ojos siguen cerrados.

* La nariz y los oídos forman hueso en la semana 20.

* El esmalte dental se deposita alrededor de la semana 20.

SEMANAS DE LA 21 A LA 25 (SEXTO MES)

* Durante la semana 21 el feto pesa alrededor de 700 gramos. Para la semana 25, aumenta a más de 900 gramos. Tiene la oportunidad de vivir milagrosamente si nace en este momento.

* El cuerpo del bebé está bien proporcionado (la cabeza es de un tercio del largo del cuerpo) y tiene una apariencia enjuta con la piel arrugada.

* La corteza cerebral ha desarrollado capas.

* Las paredes internas de los pulmones producen una sustancia que mantiene abiertos los pulmones mientras se están desarrollando.

* Durante la semana 21 se detectan movimientos oculares rápidos, lo cual indica algún tipo de actividad onírica.

* Los párpados se abren durante las semanas 25 a 26 y empiezan a parpadear.

* La visión está madurando. La retina, donde las imágenes luminosas se enfocan, está desarrollando capas.

SEMANAS DE LA 26 A LA 29 (SÉPTIMO MES)

* A las 26 semanas, el bebé pesa cerca de 1,100 gramos y mide 25 cm. Para la semana 29, él o ella pesará un kilo y medio y medirá 45 cm.

* El bebé se está poniendo rechoncho, está acumulando grasa, y las arrugas de su piel se empiezan a desvanecer.

* Aproximadamente a las 26 semanas el cerebro forma ranuras y hendiduras y la cantidad de tejido aumenta.

* En la semana 28 aparecen rápidamente circunvoluciones y fisuras específicas de la corteza cerebral.

* El sistema nervioso central puede dirigir los movimientos respiratorios y controlar la temperatura corporal.

* Los pulmones son capaces de respirar aire.

SEMANAS DE LA 30 A LA 34 (OCTAVO MES)

* En la semana 30 el bebé pesa cerca de un kilo ochocientos gramos y mide de 40 a 48 cm. A partir de este momento hasta el nacimiento el bebé aumentará cerca de 200 gramos a la semana.

* El cerebro continúa creciendo y perfeccionándose.

* El aparato digestivo y los pulmones están alcanzando su plena madurez.

* De la semana 28 a la 32 los testículos descienden hasta el escroto.

* Para la semana 30 se puede provocar reflejo pupilar a la luz. El bebé puede percibir la diferencia entre luz y oscuridad a través de las paredes abdominal y uterina.

* Las papilas gustativas pueden diferenciar más sabores.

* La piel es más suave y está menos roja.

SEMANAS DE LA 35 A LA 38 (NOVENO MES)

* El bebé ahora ahora llega a pesar de tres a tres kilos y medio y mide de 50 a 53 cm.

* Este último periodo se dedica a generar tejido y a preparar los órganos (principalmente los pulmones y el corazón) para que funcionen fuera del ambiente uterino. El último órgano que madura es el pulmón.

* Ahora la cabeza es más pequeña en relación con el resto del cuerpo (1/4 de la longitud total del bebé), pero sigue siendo una de las áreas más grandes.

* Las funciones del sistema nervioso central se han perfeccionnado.

* La grasa se desarrolla rápidamente en las últimas 8 a 6 semanas de gestación.

Apéndice B:
Selecciones musicales favoritas

ADOLPHE ADAM -"Noche de Paz (Oh Holy Night)"

JOHANN S. BACH -"Los corderos pueden pastar seguros"
-"Jesús, alegría del deseo de los hombres"
-"¡Despierten, durmientes!"
-Magníficat en Re mayor
-Tocata y fuga en Re menor
-Pascalle y fuga en Do menor
-Aire de la suite # 3 en Re
-*Misa en Si menor*

BACH-GOUNOD -"Ave María"

LUDWIG VAN BEETHOVEN
-Sinfonías de la 1 a la 9
-Concierto para piano Núm. 5 ("Emperador")

JOHANNES BRAHMS -Arrullo

ERNST EICHNER -Andante del concierto en Do mayor para arpa y orquesta

EDWARD ELGAR	-"Pompa y circunstancia" Núm. 1 y 4
	-Variaciones sobre un tema original ("Enigma") opus 36 Núm. 9
STEPHEN FOSTER	-"Hermosa soñadora"
CÉSAR FRANCK	-Sinfonía en Re menor
	-"Panis Angelicus"
GIOVANNI GABRIELI	
	-*Una misa a capela*
	-Canciones y sonatas
CHARLES GOUNOD	
	-"Coro de los soldados" de *Fausto*
	-*Misa de Santa Cecilia*
EDVARD GRIEG	-"En el vestíbulo del rey de la montaña" y "Humor matinal" de *Peer Gynt*, suite Núm. 1 opus 46
	-Concierto Núm. 1 en La menor
	-"La última primavera" de *Dos melodías elegíacas*
GEORGE F. HANDEL	
	-*El Mesías*
	-"Largo", de *Xerxes*
	-"Gracias a Ti"
	-"¡Vean, llega el héroe conquistador!" de *Judas Macabeo*
FRANZ LEHAR	-"Mi corazón es sólo para ti" de *La tierra de las sonrisas*

FRANZ LISZT
-Sueño de amor Núm. 1
-"Resucitado", "Himno de Pascua", y "Marcha de los tres reyes" de *Christus*
-Estudio de concierto Núm. 2 en Fa menor
-"Bendición de Dios en soledad"

EDWARD MACDOWELL
-"A una rosa silvestre"

ALBERT MALOTTE
-"La oración del Señor"

PIETRO MASCAGNI
-Intermezzo de *Cavalleria Rusticana*

JULES MASSENET
-Meditación, de *Thais*

FELIX MENDELSSOHN
-"Marcha nupcial" de *Sueño de una noche de verano*
-"Marcha guerrera de los sacerdotes"
-"En las alas de la canción"

WOLFGANG A. MOZART
-Sinfonía Núm. 41 en Do, Kessel 551 ("Júpiter")
-"La flauta mágica", Acto I
-"Una serenata nocturna", Kessel 525:1 Allegro

JOHANN PACHELBEL
-Canon en Re mayor

GIOVANNI PALESTRINA
-*Misa del papa Marcelo*
-*Misa breve*

AMILCARE PONCHIELLI
-"La danza de las horas" de
La Gioconda

GIACOMO PUCCINI -"Oh, mi querido muchacho"
de *Gianni Schicchi*
-"Dueto de amor", "Coro
y murmullo" y "Un bello día"
de *Madame Butterfly*

SERGEI RACHMANINOFF
-Concierto Núm. 2 en Do menor
-Rapsodia sobre un tema de
Paganini, decimoctava variación
-Vocalise opus 34 Núm. 14

NIKOLAI RIMSKY-KORSAKOV
-"Canción de la India"
-"Procesión de los nobles" de *Mlada*

SIGMUND ROMBERG
-"Los días dorados de la juventud"
-"Uno solo", de *La canción del
desierto*

CAMILLE SAINT-SAËNS
-"El cisne"

FRANZ P. SCHUBERT -"Ave María"
-*Misa alemana*

JEAN SIBELIUS	-"Finlandia" -Suite Karelia, opus 11; III a la marcha
BEDRICH SMETANA	-"Moldavia" y "Vysehrad" de *Ma' Vlast* (Mi patria)
JOHANN STRAUSS	-"Vals emperador" -"Sangre vienesa" -"Vals del Danubio azul" -"Cuentos de los bosques de Viena"
PETER I. TCHAIKOVSKY	-Concierto para piano y orquesta Núm. 1 en Si sostenido mayor -Cuarteto para cuerdas Núm. 1 opus 11; andante cantabile
RALPH VAUGHAN WILLIAMS	-"La alondra que asciende" -"Fantasía sobre un tema de Thomas Tallis" -"Cinco variaciones de Dives y Lázaro" -"Fantasía sobre Greensleeves" -*Misa en Sol menor*
GIUSEPPE F. VERDI	-"Celeste Aida" y "Marcha triunfal" de *Aida*
ANTONIO VIVALDI	-*Las cuatro estaciones*

RICHARD WAGNER
-Preludios a los actos 1o. y 3o.
y "Coro de boda" de
Lohengrin
-Obertura de *Rienzi*
-Preludio de *Los Maestros Cantores*
-Preludio al acto I y "Fascinación
de viernes" de *Parsifal*
"Murmullo del bosque" de *Siegfried*
-"Viaje de Dawn y Siegfried por el
Rin" de *Gotterdammerung*
-Preludio de *Tristán e Isolda*
-"Música del fuego mágico" y
"Entrada de los dioses en Valhalla"
de *Das Rheingold*
-"Estrella vespertina" y "Obertura"
de *Tannhauser*

Notas

Capítulo 1: *Tu hijo tiene una misión*

Cita de la primera página: William Wordsworth, "Oda: indicios de la inmortalidad por recuerdos de la primera infancia", estrofa 5.

1. Mahabharata 13.6.6, en *Karma and Creativity* de Christopher Chapple (Albany: State University of New York Press, 1986), p. 96.

2. Gal. 6:7. Todos los versos de la Biblia son de la versión Casiodoro de Reina y Cipriano de Valera a menos que se indique lo contrario.

3. Mateo 7:2, 12 (Nueva versión estándar revisada).

4. Helen Wambach, *Life Before Life* (Vida después de la vida), (Nueva York: Bantam Books, 1979).

5. JoeL L. Whitton y Joe Fisher, *Life Between Life* (Nueva York: Warner Books, 1986), pp. 43, 44.

6. Wambach, *Life Before Life,* pp. 163, 164.

Capítulo 2: *Prepárate para tu hijo mediante la curación de tu alma*

Cita de la primera página: Jalil Gibran, *El profeta.*

1. Para mayor información sobre tu Ser Superior, ver de Elizabeth Clare Prophet, *Access the Power of Your Higher Self* (*Accede al poder de tu Ser Superior*) (Corwin Springs, Mont.: Summit University Press, 1997).

2. Prov. 22:6.

3. Sidney B. Simon y Suzanne Simon, *Forgiveness: How to Make Peace With Your Past and Get on With Your Life* (Nueva York: Warner Books, 1990), p. 21.

4. *Rosario de cristal de Kuan Yin: devociones a la Madre Divina de Oriente y Occidente*, dirigido por Elizabeth Clare Prophet, publicado por Summit University Press, un álbum de tres audiocasetes que contienen himnos, oraciones y mantras chinos para invocar la misericordiosa presencia de Kuan Yin.

5. *Rosario del niño a la Madre María*, rosarios de 15 minutos para niños y adultos, disponible en CD y en audiocasete en Summit University Press.

Capítulo 3: *Una energía espiritual única para la sanación y la transformación*

Cita de la primera página: Salmo 91:14, 15 (Biblia de jerusalén).

1. Dr. Alfred A. Tomatis, citado por Tim Wilson, en "Cántico: el poder curativo de la voz y el oído", en *Music: Physician for Times to Come*, ed. Don Campbell (Wheaton, Ill.: Theosophical Publishing House, Quest Books, 1991), p. 13

2. Josué 6:20; Mateo 8:16; Marcos 9:25; Hechos 3:6.

3. John Woodroffe, *The Garland of Letters* (Pondicherry, India: Ganesh and Co., n.d.) pp. 4-5.

4. Juan 1:1; Gen. 1:3.

5. Éxodo. 3:13, 14.

6. Vea también de Elizabeth Clare Prophet, *Llama violeta para sanar cuerpo, mente y alma y El poder creativo del sonido*. Para un CD de decretos de llama violeta, ver *¡Salva al mundo con llama violeta!1*. También están disponibles cromos a color tamaño bolsillo de cada uno de los chakras. Para ordenar libros, audiocasetes y tarjetas tamaño bolsillo, diríjase a Summit University Press.

Capítulo 4: Cómo espiritualizar el matrimonio y la concepción

Cita de la primera página: *Iggeret ha-Qodesh*, citado por Daniel C. Matt en *The Essential Kabbalah: The Heart of Jewish Mysticism* (*La Cábala esencial: El corazón del misticismo judío*).

1. Gen. 2:24.

Capítulo 5: El milagro de la vida desde la concepción hasta el nacimiento

Cita de la primera página: Julian S. Huxley, citado por María Montessori en *The Absorbent Mind*.

1. María Montessori, *The Child in the Church*, ed. E.M. Standing (St. Paul: Catechetical Guild Educational Society), p. 13.
2. Vea también de Elizabeth Clare Prophet, *Cómo trabajar con los ángeles; devociones, decretos y canciones espirituales al Arcángel Miguel*, audiocasete de 70 minutos, Summit University Press.

Capítulo 6: Tú puedes ayudar a cambiar el karma de tu hijo

Cita de la primera página: María Montessori, *The Child in the Church*.

Capítulo 7: Herencia espiritual

Cita de la primera página: R. Swinburne Clymer, *How to Create the Perfect Baby*.

1. *Enciclopedia Británica*, 15va. ed., s.v. "Genética y herencia".
2. II Timoteo 1:5.

Capítulo 8: Meditaciones para transmitir belleza y virtud a tu bebé

Cita de la primera página: *Tao Te Ching*, cap. 54, trans. Man-Ho Kwok, Martin Palmer y Jay Ramsay.

1. Para ver hermosas fotografías a color del feto en desarrollo, ver el libro de Lennart Nilsson, Mirjam Furuhjelm, Axel Ingelman-Sundberg y Claes Wirsén, *A Child is Born* (Nueva York: Dell Publishing, 1977).

2. *Santísima: Música para la paz mundial,* 19 hermosos himnos dedicados a la Bendita Virgen María, coro conducido por Elizabeth Clare Prophet, álbum de 70 minutos, disponible en CD y en audiocasete a través de Summit University Press.

3. David Tame, *The Secret Power of Music* (Rochester, Vt.: Destiny Books, 1984), pp. 136, 137. Usado con permiso del autor.

4. Ibid., pp. 142-44.

Capítulo 9: *Comunicación amorosa con tu futuro bebé*

Cita de la primera página: Dr. Thomas Verny, *The Secret Life of the Unborn Child* (La vida secreta del niño antes de nacer).

1. Jack Kornfield, *A Path with Heart: A Guide Trough the Perils and Promises of Spiritual Life* (Nueva York: Bantam Books, 1993), p. 334. Usado con permiso del autor.

2. Louis Ginzberg, *The Legends of the Jews,* vol. 6 (Filadelfia: The Jewish Publication Society of America, 1956), p. 385.

3. Dr. Thomas Verny con John Kelly, *The Secret Life of the Unborn Child* (Nueva York: Dell Publishing Co., 1981), p. 31.

4. Ibid., p. 15.

5. Ibid., pp. 59, 91.

Reflexiones

_____

_____

_____

_____

_____

_____

_____

_____

_____

_____

_____

_____

_____

_____

_____

_____

_____

_____

_____

_____

Reflexiones

Reflexiones

Reflexiones

_____
_____
_____
_____
_____
_____
_____
_____
_____
_____
_____
_____
_____
_____
_____
_____
_____
_____
_____

Otros títulos de

SUMMIT UNIVERSITY 🐚 PRESS®

Reencarnación: El Eslabón perdido del cristianismo

El aura humana

La respuesta que buscas está dentro de ti

El poder creativo del sonido

CONSIGUE LO QUE NECESITES DEL UNIVERSO: ·Accede al poder de tu Yo Superior

Llama violeta para curar cuerpo, mente y alma

Los títulos de Summit University Press están disponibles en muchísimas librerías incluyendo Barnes and Noble, B. Dalton Bookseller, Borders, Hastings y Waldenbooks.

Para información acerca de los libros o catálogo, dirigirse a :

Summit University Press
63 Summit Way, Gardiner, Montana 59030 USA
Tel: 406-848-9500 • Fax: 406-848-9555
Email: info@SummitLighthouse.org
Web sites: www.SummitUniversityPress.com;
www.SummitLighthouse.org

PARA MÁS INFORMACIÓN

Morya Ediciones y Lanto Espiritualidad, son empresas mexicanas hermanas dedicadas a llevar las enseñanzas espirituales más avanzadas a todos los buscadores que deseen conocer su identidad divina y su realidad interior de una manera directa y sin elementos externos que lo impidan. Los libros que ofrecemos contienen la sabiduría de los santos de Oriente y Occidente, los grandes líderes y avatares espirituales de la historia.

Somos la editorial y librería más representativas e influyentes de la Gran Hermandad Blanca en la comunidad de nuestro país y nuestros libros verdaderamente cambian esquemas y paradigmas preconcebidos sobre la espiritualidad, transformando vidas.

DATOS DE CONTACTO

Morya Ediciones S.A. de C.V.
Lanto Espiritualidad
Rio Tepozteco # 25
Col. Reforma
Cuernavaca, Morelos,
México C.P. 62260
Tel 777 316 8175
ventas@moryaediciones.com
info@moryaediciones.com
ventas.lantoespiritualidad@gmail.com

SIGUENOS EN

https://www.moryaediciones.com

https://www.facebook.com/Morya-Ediciones-1117642718336884/
https://www.lantoespiritualidad.com
https://www.facebook.com/LantoCuerna

ELIZABETH CLARE PROPHET (1939-2009) fue una pionera de la espiritualidad moderna, y conferencista y escritora de renombre internacional. Sus libros se han publicado en más de 30 idiomas y se han vendido millones de ejemplares de ellos por todo el mundo, tanto en línea como en librerías.

Durante toda su vida la Señora Prophet caminó el sendero del adepto espiritual avanzando a través de iniciaciones universales comunes a los místicos tanto de Oriente como de Occidente. Enseñó este sendero y describió sus propias experiencias para beneficio de todos quienes desean hacer progreso espiritual.

La Sra. Prophet ha dejado una extensa biblioteca de enseñanzas espirituales de los maestros ascendidos y una próspera comunidad mundial de personas que estudian y practican estas enseñanzas.

NANCY HEARN escribió y editó libros para niños durante muchos años en The Summit Lighthouse. Actualmente sigue escribiendo y educando a otros para su salud y bienestar, y es Asesora Certificada en Salud y Nutrición. Nancy disfruta el estar con la familia, caminar, pasear en bicicleta, la meditación, el yoga, y buscar constantemente la felicidad y la espiritualidad internas.

DRA. JOYE BENNETT, Licenciada en Psicología, ha dado asesoría a niños, jóvenes y familias desde 1979, incluyendo a muchos en la comunidad de habla hispana. Se dedica a ayudar a padres y maestros a criar y educar niños felices gracias a lo que ella enseña, y a escribir sobre temas de psicología y espiritualidad infantil. Durante las décadas de los 80s y los 90s la Dra. Bennett trabajó directamente con Elizabeth Clare Prophet preparando enseñanzas sobre la ciencia de la maternidad incluidas ahora en *Cómo nutrir el alma de tu bebé*, además de otros temas sobre la salud del niño. Es también coeditora de varios libros más de Summit University Press. Vive en Montana con su esposo, su hija y dos juguetones perros.

Made in the USA
Monee, IL
07 July 2026

56549923R00144